HISTORIA PARA NIÑOS

ROMA

MIGUEL ÁNGEL SAURA

Editorial el Pirata

PUNTOS CLAVE DE LA HISTORIA DE ROMA

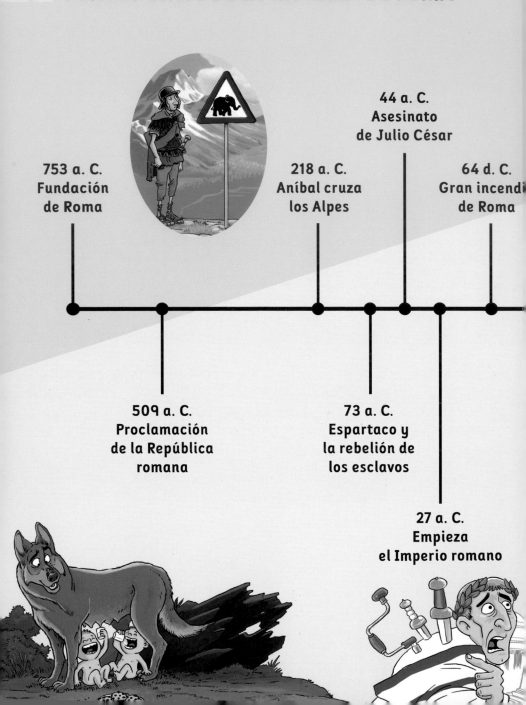

753 a. C.
Fundación
de Roma

44 a. C.
Asesinato
de Julio César

218 a. C.
Aníbal cruza
los Alpes

64 d. C.
Gran incendi
de Roma

509 a. C.
Proclamación
de la República
romana

73 a. C.
Espartaco y
la rebelión de
los esclavos

27 a. C.
Empieza
el Imperio romano

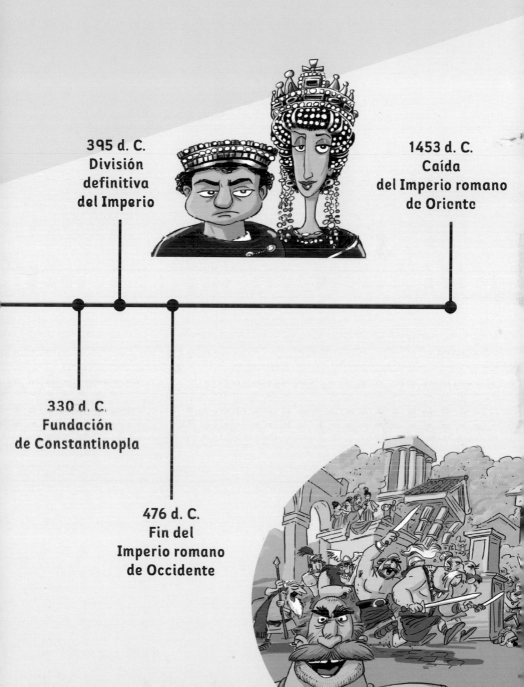

395 d. C.
División
definitiva
del Imperio

1453 d. C.
Caída
del Imperio romano
de Oriente

330 d. C.
Fundación
de Constantinopla

476 d. C.
Fin del
Imperio romano
de Occidente

I = 1
V = 5
X = 10
L = 50
C = 100
D = 500
M = 1000

QUIÉNES ERAN LOS ROMANOS

Los romanos fueron un pueblo muy importante. Pese a que eran gente muy violenta, tenían esclavos y se comportaban como **abusones** con el resto de las civilizaciones del mundo, no se puede negar que aportaron mucho a lo que ha acabado convirtiéndose en la **cultura occidental**. Y es que este libro no trata sobre cómo se hicieron ciertas leyes o se construyeron ciertos acueductos. Es, antes que nada, la historia de los hombres y mujeres que transformaron un puñado de cabañas de barro en un **imperio**. Acompáñanos para descubrir la mayor aventura de todos los tiempos: **la historia de la antigua Roma**.

PARTE I:
LA MONARQUÍA

LA FUNDACIÓN DE ROMA
(Aproximadamente 753 a. C.)

La leyenda de Rómulo y Remo

Según las antiguas leyendas, hace muchos años, había una ciudad llamada **Alba Longa**, gobernada por dos reyes hermanos: Amulio y Numitor.

Un día, Amulio decidió gobernar solo. Encerró a su hermano en una mazmorra y a la hija de este, **Rea Silvia**, la ordenó sacerdotisa para que no pudiera tener hijos. Pero el dios de la guerra, Marte, se enamoró de ella y tuvieron dos gemelos, **Rómulo y Remo**. Cuando Amulio se enteró, ordenó que arrojasen a los niños al río Tíber. Sus sirvientes, que no querían matarlos, los dejaron en una cesta en el río, que acabó encallando en unas raíces.

Una **loba** oyó llorar a los bebés, los llevó a su cueva y los amamantó con su leche hasta que un pastor los adoptó. Cuando se hicieron mayores, se enteraron de quiénes eran en realidad. Regresaron a Alba Longa, mataron a Amulio y volvieron a hacer rey a su abuelo Numitor.

Más tarde, decidieron fundar su propia ciudad y escogieron un lugar cerca de donde su cesta había embarrancado. Para decidir cuál de los dos le pondría nombre a la ciudad, acordaron que sería el que avistase más pájaros. Remo vio seis y Rómulo doce, así que la ciudad llevaría su nombre.

Rómulo construyó una pequeña **muralla** y juró solemnemente que mataría a cualquiera que la atravesara sin permiso. Su hermano Remo, que tenía muy mal perder, derribó un trozo de muro y lo cruzó mientras se burlaba de las débiles defensas de la ciudad. Fiel al juramento, Rómulo lo **mató** golpeándolo con una gran piedra.

Pero toda esta historia de los gemelos es una **fábula** mitológica que, a día de hoy, aún no se ha podido demostrar si tiene parte de verdad o es totalmente inventada.

Al principio, la religión romana se basaba en una serie de sencillos rituales que pretendían garantizar las **cosechas**. En una sociedad principalmente agrícola, la práctica religiosa consistía en pequeños **sacrificios** para conseguir, por ejemplo, que lloviera en los veranos secos. En otras ocasiones, se observaba el **vuelo de los pájaros** para intentar adivinar el futuro.

Estos rituales fueron haciéndose más complicados y, muy pronto, empezaron a nombrar **sacerdotes** y a celebrar **ceremonias** más espectaculares. En ellas, se sacrificaban animales de granja mientras los sacerdotes intentaban adivinar el futuro examinando el hígado de los animales sacrificados. Estas ceremonias solían acabar con un **banquete** público.

Los romanos de la época republicana creían en **Júpiter**, dios del rayo y las tormentas, y edificaron el templo más grande de Roma en su honor.

También creían en **Marte**, el dios de la guerra, y en **Juno**, una diosa con dos caras que protegía las puertas. Con el tiempo, la religión romana se vio **influida** por la de los pueblos que conquistaban. Cuando los romanos invadieron **Grecia**, la mitología griega, llena de interesante historias sobre dioses y héroes, cambió la forma en que los romanos veían a los dioses. Conforme los dioses griegos pasaban a formar parte de la mitología romana, las antiguas y sencillas prácticas religiosas cayeron en el olvido.

Dioses de importación

Los dioses griegos no fueron las únicas deidades extranjeras que acabaron formando parte de la religión romana. Cuando **Egipto** fue conquistado por Augusto, el primer emperador, el culto a la diosa **Isis** se hizo muy popular entre las mujeres, porque era la protectora de la maternidad y la infancia. Por otra parte, los soldados que combatían en Oriente trajeron a Roma el culto a **Mitra**. En esta religión, estaban obligados a mantener en secreto los rituales del culto, pero nos ha llegado que el bautismo de los fieles se hacía utilizando sangre de **toro**. Todas estas religiones tradicionales romanas fueron prohibidas por el emperador Teodosio, quien decretó que el cristianismo era la única religión permitida en el imperio.

RÓMULO REY
(Aproximadamente 753 a. C.)

El rapto de las sabinas

Según el mito, para poblar la nueva ciudad, Rómulo acogió a todos los que quisieran vivir allí. Pronto llegaron a Roma esclavos fugados, bandidos y refugiados de otras ciudades, casi todos hombres. Había pocas **mujeres**, si Rómulo no conseguía que llegaran más, la ciudad no duraría demasiado.

Decidió invitar a sus vecinos, los **sabinos**, a una gran fiesta de inauguración de la ciudad, con música, comida y carreras de carros. Los sabinos eran muy aficionados a las carreras y, mientras se distraían apostando y bebiendo vino en la pista construida en las afueras, los romanos **secuestraron** a las chicas sabinas y se refugiaron tras las murallas. Cuando sus padres reaccionaron, ya era demasiado tarde, así que volvieron a casa y empezaron a organizar un **ejército** para atacar a los romanos y rescatar a sus hijas.

Mientras tanto, en la ciudad, los romanos pidieron a las chicas que se **casaran** con ellos y tuvieran hijos. Pero las sabinas les hicieron prometer que, si se casaban, ellas mandarían en casa y no tendrían que limpiar ni cocinar. Los romanos aceptaron y pronto se celebraron bodas y empezaron a nacer bebés.

Y así es como la mitología latina explica el porqué de que las mujeres romanas tuvieran más autonomía que las de otras culturas de su época.

La traición de Tarpeya

Siguiendo con el mito, se dice que el comandante sabino **Tito Tacio** decidió atacar a los romanos y fue con sus hombres a examinar las defensas de la ciudad. Su único obstáculo era una pequeña **fortaleza** en un punto de las murallas. La joven **Tarpeya**, la hija del hombre a cargo de la fortaleza, se ofreció a abrirles la puerta con una condición:

—Quiero eso que lleváis en los brazos —dijo, señalando los **brazaletes** de oro que llevaban los sabinos.

Esa noche, el ejército sabino llegó a la fortaleza y Tarpeya les abrió la puerta. Los sabinos entraron y ella les recordó que debían darle lo que llevaban en los brazos. Los soldados le fueron arrojando encima sus **escudos** a medida que entraban. Tarpeya murió aplastada bajo el peso de los escudos y los sabinos atacaron a los romanos por sorpresa.

TAL VEZ NO SABÍAS QUE...

La roca Tarpeya era un **precipicio** de 25 metros de altura, con rocas afiladas al fondo. Estaba en la Colina Capitolina y se dice que allí murió Tarpeya. El lugar se destinaba a un tipo de **pena de muerte** llamada *precipitatio*: arrojar al condenado por el barranco. Esta forma de ejecución se reservaba para los acusados de **traición**.

La batalla por las sabinas

Los sabinos pillaron por sorpresa a los romanos, pero estos se prepararon rápidamente para la batalla. Y cuenta la leyenda que, cuando estaban a punto de luchar, las **sabinas** salieron de casa y se interpusieron entre los dos ejércitos para detener la pelea.

Decían que, si ganaban los romanos, quedarían huérfanas y, si ganaban los sabinos, viudas. Así que los dos bandos hicieron las paces, celebraron un banquete y se **unieron** en un solo pueblo. Rómulo y Tito Tacio gobernarían como iguales. Para aconsejarlos, se creó el **Senado**, un grupo de ancianos compuesto por doscientos hombres, cien de cada pueblo. Poco después, Tito Tacio murió y Rómulo volvió a ser el único rey de Roma.

La muerte de Rómulo

Existen **dos versiones** sobre la muerte del fundador mitológico de Roma. Una dice que el dios de la guerra, **Marte**, se lo llevó al cielo en un carro volador. Según la otra versión, los **senadores** estaban hartos de que Rómulo reinara como un tirano y lo mataron a traición. Para deshacerse del cadáver, lo despedazaron y cada uno se llevó un trozo escondido bajo la toga.

LOS SIETE REYES DE ROMA
(716-509 a. C.)

Cuando Rómulo murió, los romanos eligieron como rey a **Numa Pompilio**, que organizó la **religión romana**, con sus templos, sacrificios y sacerdotes.

Después de Pompilio, gobernó **Tulio Hostilio**. Solo le interesaban la **guerra** y las conquistas, no le preocupaba la religión. Pero una terrible plaga hizo enfermar a los romanos y decidió pedir ayuda a **Júpiter**, dios de las tormentas y protector de Roma. Según los romanos, al dios no le hizo gracia que solo se acordaran de él cuando las cosas iban mal, así que mató al rey lanzándole un **rayo**.

Después de Tulio, **Anco Marcio** fue elegido rey y fundó la ciudad de Ostia, en la que siglos después el emperador Claudio mandaría construir el puerto más importante de Roma.

Tras su muerte, gobernó **Tarquinio Prisco**, de origen etrusco, un pueblo del norte de Italia. Financió la alcantarilla llamada **Cloaca Máxima** y el **Circo Máximo**, un estadio para carreras de carros.

Se dice que a los hijos de Anco Marcio no les sentó muy bien que el nuevo rey fuera Tarquinio y no ellos, así que contrataron **asesinos** para matarlo. Cosa que no les sirvió de mucho, porque la reina Tanaquil, viuda de Tarquinio, convenció al Senado de elegir rey a su yerno, **Servio Tulio**.

Tulio ordenó construir la primera **muralla** que abarcaba las siete colinas de Roma. Pero no debía ser muy buen padre, porque su hija Tulia y su marido Lucio Tarquinio acabaron tirándolo por una escalera y atropellándolo con un carro. Tarquinio se apoderó del trono y fue conocido como **Tarquinio el Soberbio**.

Lucrecia y la caída de la monarquía

Tarquino se comportó como un **tirano**, asesinando a quien le llevase la contraria. Se hizo construir un trono de marfil. La cosa se salió de madre cuando su hijo Sexto violó a una pobre chica llamada **Lucrecia**, a la que había intentado seducir varias veces sin éxito.

Lucrecia explicó lo sucedido a su familia y, para lavar la afrenta cometida por Sexto, se suicidó clavándose un **puñal** en el pecho. Cuando el Senado lo descubrió, aprovechó que Tarquinio estaba fuera y le prohibió volver a Roma. La ciudad no tendría más reyes y, en su lugar, se adoptó un sistema de gobierno llamado **república**.

Desde entonces, el Senado elegía a dos gobernantes cada año, para que se vigilasen el uno al otro y nadie acumulara demasiado poder. Los llamaron **pretores** o **cónsules**.

Podemos decir que fue la muerte de Lucrecia la que llevó a la **revuelta** que acabó con la monarquía.

Horacio y el puente

Tarquinio empezó a planear cómo recuperar el trono. Pidió ayuda a otro etrusco, **Lars Porsena**, rey de Clusium.

Los romanos explicaban esta batalla con un **mito**: Porsena y sus hombres derrotaron a las defensas romanas y los pocos supervivientes se ocultaron tras las murallas de la ciudad. Pero solo se podía entrar por un **puente**, que defendía un soldado llamado **Horacio Cocles**. Como los demás habían huido, Horacio ordenó a los dos únicos soldados que se habían quedado que destruyeran el puente a hachazos, mientras combatía **él solo** contra todo el ejército de Lars Porsena. Cuando el puente se derrumbó, Horacio cayó al agua y se ahogó debido al peso de su armadura.

No hay documentos que confirmen lo que sucedió en realidad, pero la teoría más extendida es que Porsena abandonó el asalto a Roma porque sus fuerzas estaban muy **igualadas** y habría perdido demasiados hombres para ganar.

Mucio Escévola

Según la leyenda, cuando Porsena tenía la ciudad de Roma rodeada sin dejar entrar alimentos y los romanos empezaban a pasar hambre, un joven noble llamado **Cayo Mucio** decidió que lo mejor era matar a Porsena. Se **disfrazó** de soldado etrusco y se **infiltró** en el campamento enemigo. Fue directo hacia la tienda más lujosa, vio a un oficial con una imponente armadura y, pensando que era el rey, lo mató, pero fue capturado antes de poder escapar.

Mientras los soldados lo retenían en una tienda, Porsena se acercó, le explicó que se había equivocado de hombre y amenazó con torturarlo para obligarle a revelar sus planes. Pero Mucio, para demostrar que soportaría la tortura, se quemó la mano derecha con un **brasero** para castigarla por haberse equivocado de víctima. Entonces se marcó un farol: le dijo a Porsena que él era solo uno de los **doscientos** jóvenes romanos que habían jurado acabar con su vida y que no tendría un momento de descanso si no levantaba el sitio a la ciudad.

Otra de las versiones que se cuentan sobre este asedio dice que, si Porsena retiró su ejército, fue porque lo impresionó el valor del joven romano, al que liberó. A su regreso, Mucio fue aclamado como un héroe y, desde entonces, se le conoció como **Mucio Escévola**, que significa 'Mucio el zurdo'.

La sociedad estaba dividida en diferentes **clases sociales**:

- **Patricios**: se suponía que eran descendientes de los primeros habitantes de Roma, los que fundaron la ciudad junto con Rómulo y Remo. Al principio, eran los únicos que podían votar y ser elegidos para cargos públicos. Los más importantes eran los senadores, los que mandaban durante la república.
- **Plebeyos**: eran ciudadanos libres, pero no podían votar ni ser elegidos. Con el tiempo, se organizaron, lucharon hasta conseguir derechos parecidos a los de los patricios y pudieron elegir a sus representantes. Solían ser granjeros o artesanos, pero podían acabar como esclavos si le debían dinero a alguien y no podían pagar.
- **Libertos**: eran esclavos que habían sido liberados por su amo o habían conseguido comprar su libertad. No eran ciudadanos y no tenían derechos políticos, pero eran libres.
- **Esclavos**: eran lo más bajo de la sociedad y hacían todos los trabajos que los hombres libres no querían hacer. Considerados como animales parlantes, podían ser comprados o vendidos y no tenían ningún derecho.

Y, COMO SIEMPRE, SI ERES MUJER, TE TOCA PRINGAR EL DOBLE...

Por otra parte, la sociedad romana era muy **machista**: a lo largo de toda su historia, ninguna mujer ocupó jamás un cargo público de forma oficial, y jamás tuvieron derecho a elegir representantes.

En los primeros tiempos, la mujer romana no podía hacer nada sin el **permiso** de su padre o de su marido. Era el padre quien escogía al futuro esposo de su hija. La cosa era incluso peor si la mujer era **esclava**, porque sus hijos pasaban a ser propiedad del amo.

Más adelante, la sociedad romana **evolucionó** un poco. Seguía siendo una sociedad muy machista, pero las mujeres tenían algo más de independencia del marido que en otras culturas de la época y algunas que venían de familias de **clase alta** podían llegar a gozar de cierta **libertad**: las que habían aportado una dote al matrimonio tenían derecho a la separación de bienes si se **divorciaban** y las que se quedaban **viudas** tenían control absoluto del patrimonio de su difunto esposo.

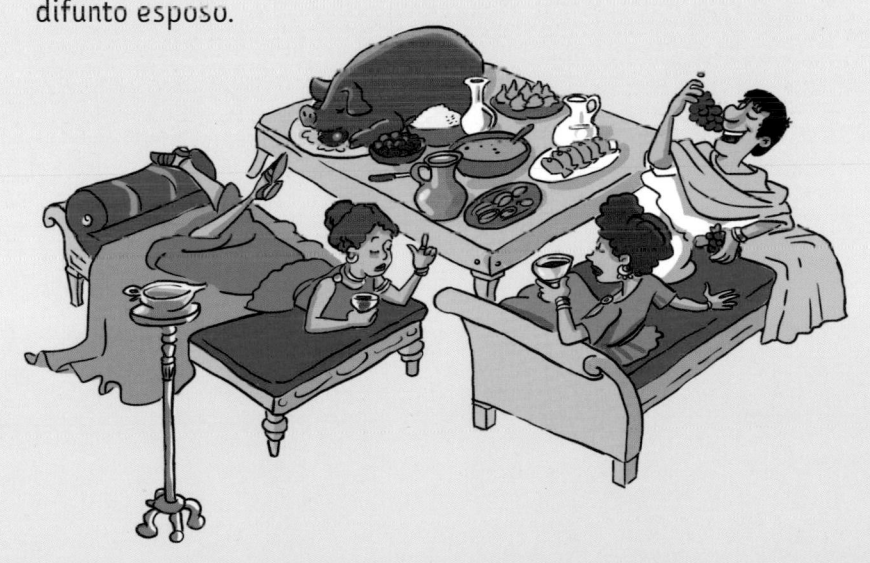

PARTE II:
LA REPÚBLICA

GALOS

ETRUSCOS

ROMA

SAMNITAS

GRIEGOS

CARTAGINESES

CARTAGO

Tras proclamar la república, los romanos empezaron a **ampliar** sus territorios. Cada vez que ganaban una guerra, obligaban a los vencidos a unirse a su ejército. Con el tiempo, los ejércitos romanos fueron cada vez más grandes y los de sus vecinos más pequeños. Tres siglos después de empezar la conquista, los romanos se habían adueñado de **toda** Italia.

- **LOS GALOS**: a ambos lados de las montañas que separan Italia del resto de Europa, vivían los **celtas**, llamados galos por los romanos. Eran pueblos de guerreros, ganaderos y agricultores que solían trasladarse en masa en busca de nuevas tierras en las que instalarse.

- **LOS ETRUSCOS**: al norte de Roma estaban los etruscos, una gente muy **culta** rodeada de pueblos más primitivos. Eran grandes comerciantes y el único pueblo nativo de Italia que poseía una flota. Los reyes que hicieron de Roma una ciudad importante eran todos de origen etrusco.

- **LOS SAMNITAS**: al sur de Roma, en las montañas que recorren Italia de arriba abajo, vivían los samnitas, un pueblo de pastores y ganaderos, **orgullosos** e independientes. Los romanos los derrotaron, pero ellos querían seguir siendo libres y, de vez en cuando, se **rebelaban** contra el control romano o se aliaban con sus enemigos.

- **LOS GRIEGOS**: habían fundado grandes ciudades en el sur de Italia y en Sicilia. Eran grandes **comerciantes y artesanos**, y sus ciudades eran muy ricas y lujosas, en comparación con las del resto de Italia.

- **LOS CARTAGINESES**: la ciudad de **Cartago**, en la costa de África, era la más grande y rica del Mediterráneo. Los cartagineses tenían una gran **flota** y sus barcos dominaron los mares hasta que los romanos aprendieron a navegar. Llevaban siglos combatiendo contra los griegos por los territorios del sur de Italia.

ROMA CONQUISTA ITALIA: LOS ETRUSCOS (396 A. C.)

El sitio de Veyes

Durante los primeros siglos de la República, los principales rivales de Roma fueron sus vecinos etruscos de **Veyes**. Habían estado en guerra muchos años y, hacia el año 396 a. C., **Marco Furio Camilo** dirigió una campaña militar para conquistarlos de una vez. Los derrotó en varias batallas y terminaron por refugiarse en la ciudad de Veyes. Camilo decidió conquistar la ciudad, pero en Veyes había grandes reservas de comida y altísimas murallas.

Los romanos excavaron un **túnel** bajo la muralla mientras fingían atacar los muros por otra parte y salieron del suelo en el interior del templo de Juno. Pillaron por sorpresa a los etruscos, que tuvieron que rendirse. La conquista de Veyes hizo de Roma la ciudad más importante de la región y los etruscos fueron perdiendo poco a poco su independencia hasta que desaparecieron de la historia.

TAL VEZ NO SABÍAS QUE...

Normalmente, las guerras en la Antigüedad tenían lugar durante el **verano**. Así, cuando acababan los combates, los soldados volvían a tiempo para participar en la **cosecha** del trigo, las uvas o las olivas. Pero el asedio de Veyes fue tan largo, duró **diez años**, que el Senado decidió, por primera vez, dar una **paga** a los soldados para que se quedaran combatiendo en lugar de irse a casa.

El sitio de Faleria

Durante las guerras con los etruscos, Camilo sitió la ciudad de **Faleria**. Durante el asedio, un maestro engañó a sus alumnos, hijos de las familias más importantes, y los sacó de la ciudad para **entregarlos** a los romanos. Camilo dijo que no quería ganar la guerra usando a **niños** como rehenes y los devolvió a sus padres. Los ciudadanos de Faleria se lo agradecieron rindiéndose y firmando una **alianza** con Roma.

TAL VEZ NO SABÍAS QUE...

Antiguamente, la **sal** era un bien muy valioso y escaso. Los romanos **pagaban** a los soldados con cosas que necesitaban, como sacos de trigo o saquitos de sal. Esta paga en sal es el origen de nuestra palabra «**salario**», sinónimo de «sueldo».

LA INVASIÓN GALA
(387 a. C.)

Unos años después de la conquista de Veyes, los **galos** que vivían al norte de Italia viajaron al sur en busca de tierras donde asentarse. Los romanos enviaron su ejército para detenerlos, pero fueron derrotados.

La mayoría de los habitantes de Roma huyeron o se refugiaron en la fortaleza del Capitolio. Solo algunos **ancianos senadores** se quedaron sentados muy quietos en las puertas de sus casas. Cuando los galos entraron en la ciudad y vieron a todos esos ancianos sin moverse, pensaron que eran **estatuas**, hasta que un galo le tiró de la barba a uno de ellos y el senador le golpeó con su bastón. Los galos se enfadaron tanto que, tras matar a los ancianos, **quemaron** la ciudad.

Las ocas del Capitolio

Tras incendiar la ciudad, los galos pusieron sitio al **Capitolio**. Como los romanos seguían resistiendo, intentaron atacar la fortaleza por la noche, para pillarlos por sorpresa. Iban con tanto cuidado que ni los perros ni los centinelas se dieron cuenta de lo que pasaba. Pero, de repente, los **gansos** sagrados del templo de Juno empezaron a graznar, despertando al soldado Marco Manlio, que estaba al cargo de la fortaleza esa noche. Los galos fueron rechazados y a los **centinelas** que se habían dormido los tiraron por un barranco.

¡Ay de los vencidos!

Cuenta la historia que los galos y los romanos llegaron a un **acuerdo**. A cambio de retirarse, los galos pidieron cierta cantidad de oro. En el momento de pesar el oro, un senador se dio cuenta de que los galos habían **trucado las balanzas** para que los romanos tuvieran que pagar de más. Cuando los romanos protestaron, el jefe galo Breno se rio y puso su espada en su lado de la balanza, diciendo «*vae victis*», que significa «¡ay de los vencidos!».

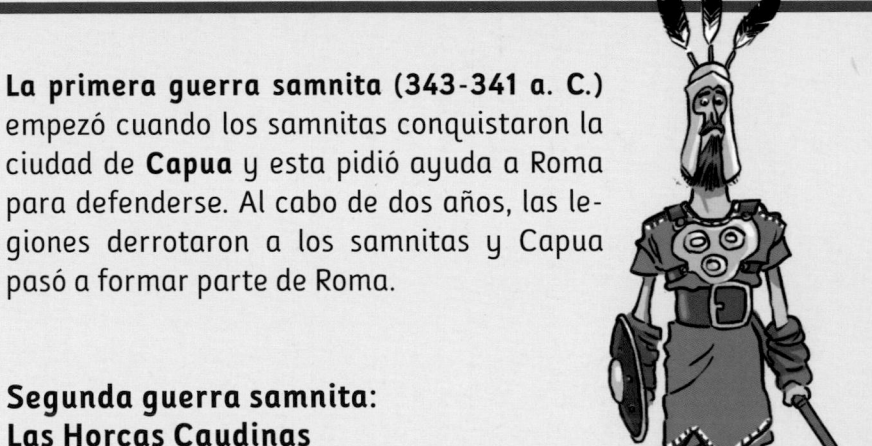

La primera guerra samnita (343-341 a. C.) empezó cuando los samnitas conquistaron la ciudad de **Capua** y esta pidió ayuda a Roma para defenderse. Al cabo de dos años, las legiones derrotaron a los samnitas y Capua pasó a formar parte de Roma.

Segunda guerra samnita:
Las Horcas Caudinas

Una disputa sobre las fronteras entre los dos pueblos desató la **segunda guerra samnita**. Durante esta guerra tuvo lugar la batalla de las **Horcas Caudinas**. Resulta que unos soldados disfrazados de pastores engañaron a los romanos diciendo que la colonia romana de Lucera estaba siendo atacada por el ejército samnita.

Un gran ejército marchó para salvar la ciudad, atravesando un **desfiladero**. Cuando llegaron al final, el camino estaba bloqueado con rocas y no pudieron pasar. Al retroceder, se encontraron con el camino de vuelta también bloqueado y los soldados samnitas rodeándolos desde lo alto del desfiladero. Los romanos habían caído en una **trampa** y todo el ejército estaba atrapado sin agua ni comida.

Los samnitas podrían haber exterminado a los soldados, pero decidieron perdonarlos, una vez que entregaron las armas y armaduras. Los hicieron «**pasar por el yugo**», un castigo que consistía en pasar agachados por debajo de las lanzas atravesadas que les habían quitado, lo que suponía una gran **humillación**.

Cuentan que, mientras los legionarios desfilaban agachados en ropa interior, los soldados samnitas se **burlaban** de ellos.

Quizá no se habrían reído tanto de haber sabido que, unos años después, esos mismos legionarios **volverían** para arrasar su país, esclavizar a sus habitantes y robarles las tierras.

Rendición

Al final, este pueblo de montañeses se vio obligado a enviar soldados cada vez que Roma entraba en guerra, algo bastante habitual. Aunque se rebelaban de vez en cuando, acabaron formando parte de Roma y **renunciando** a su independencia.

HAY QUE VER LO RENCOROSOS QUE SON ESTOS ROMANOS.

Un pis muy caro

Tras derrotar a los samnitas, los romanos enviaron naves cerca de la ciudad italiana de **Tarento**, por entonces una colonia griega, para ayudar a unos aliados. Un tratado prohibía a los romanos navegar en aguas de Tarento, así que los tarentinos se lo tomaron como un acto de guerra. La flota de Tarento atacó hundiendo cuatro barcos y capturando otro.

Los embajadores romanos fueron a pedir explicaciones. Un tarentino **hizo pis** en la toga de un embajador mientras los demás se reían. El embajador respondió que esa mancha se lavaría con sangre y se marchó indignado.

Cuando se les pasó la risa, los tarentinos se dieron cuenta de que los romanos hablaban en serio. Tarento pidió ayuda a su aliado, el rey **Pirro** de Epiro, que desembarcó en Italia con un ejército griego y elefantes de guerra.

ESTÁ CLARO QUE ATACAR POR DETRÁS TAMPOCO ES LA SOLUCIÓN.

Victorias pírricas

En la batalla de **Heraclea**, el ejército romano fue derrotado por los **elefantes**: aún tardarían un poco en aprender a pelear contra estos animales. En la siguiente batalla, los griegos volvieron a ganar, pero los romanos mataron a tantos de sus hombres que, cuando le felicitaron, Pirro exclamó «otra victoria como esta y estará todo perdido». De ahí viene la expresión actual «**victoria pírrica**», una victoria obtenida con tanto sacrificio que es casi tan mala como una derrota.

Unos años después, los ejércitos de Pirro y de Roma se enfrentaron una última vez, en la batalla de **Benevento**. Esta vez, los romanos dispararon **flechas incendiarias** a los elefantes. Estos, enloquecidos, empezaron a aplastar todo lo que se movía. Cansado de no poder derrotar a los romanos, Pirro volvió a Grecia y todas las ciudades griegas del sur de Italia cayeron bajo dominio romano.

La muerte de Pirro

Tras volver a Grecia, Pirro siguió luchando y armando bulla donde podía. Cuando atacó la ciudad de **Argos**, una señora vio desde un tejado a su hijo en peligro. Le tiró una **teja** a Pirro en la cabeza, con tanta puntería que lo mató.

A LA CONQUISTA DEL MEDITERRÁNEO
(Siglo III a. C.)

Una vez que los romanos conquistaron toda Italia, empezaron a expandirse por el Mediterráneo. El primer lugar en el que se fijaron fue la isla de **Sicilia**, un territorio en disputa entre los cartagineses y los griegos.

En ese momento, Cartago iba ganando. Los romanos aprovecharon una petición de ayuda de un grupo de mercenarios italianos como excusa para ir a tocar las narices. Desembarcaron en Sicilia y derrotaron a los cartagineses.

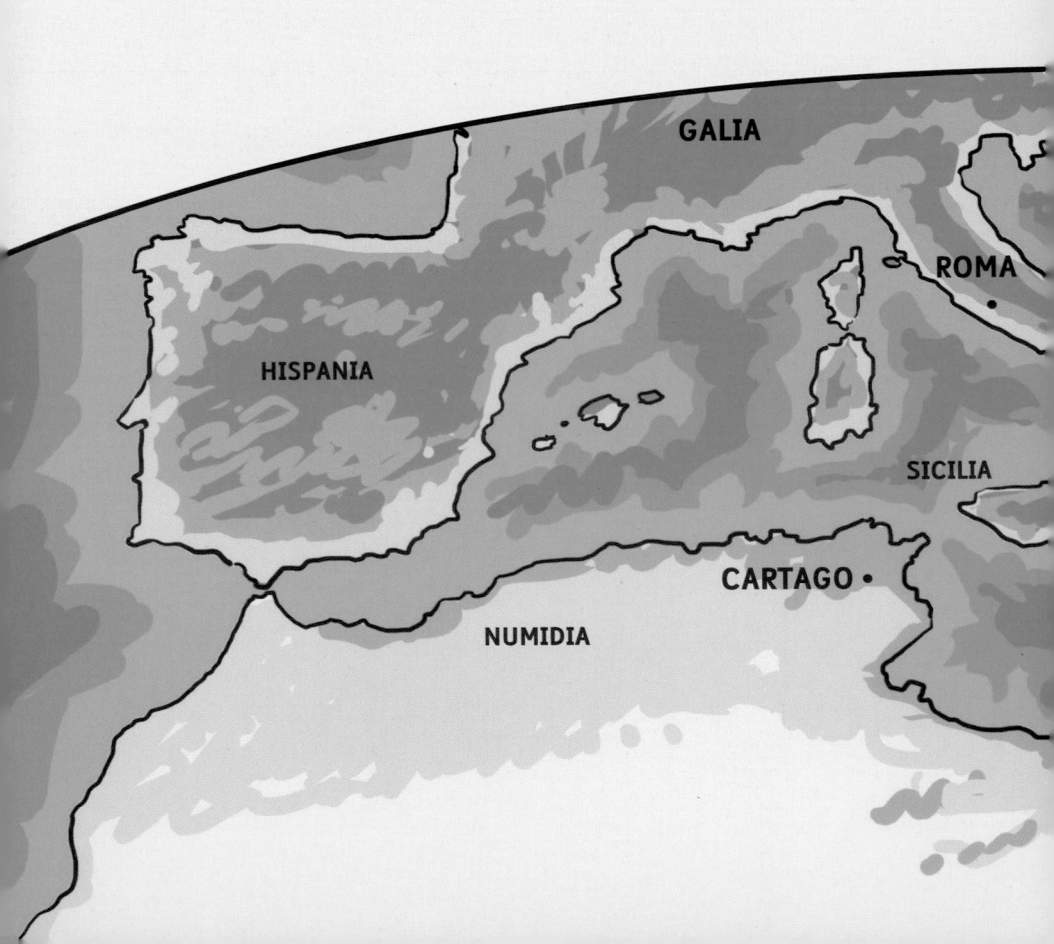

El problema vino cuando apareció la **flota cartaginesa**. Cartago tenía siglos de experiencia en combate naval, sus barcos eran los mejores del mundo. Pero resulta que una tormenta hizo naufragar un barco de guerra cartaginés cerca de Roma. Los romanos lo estudiaron, fabricaron **doscientas copias** y empezaron a entrenar marineros. Roma estaba a punto de poner en pie su **primera flota de guerra**.

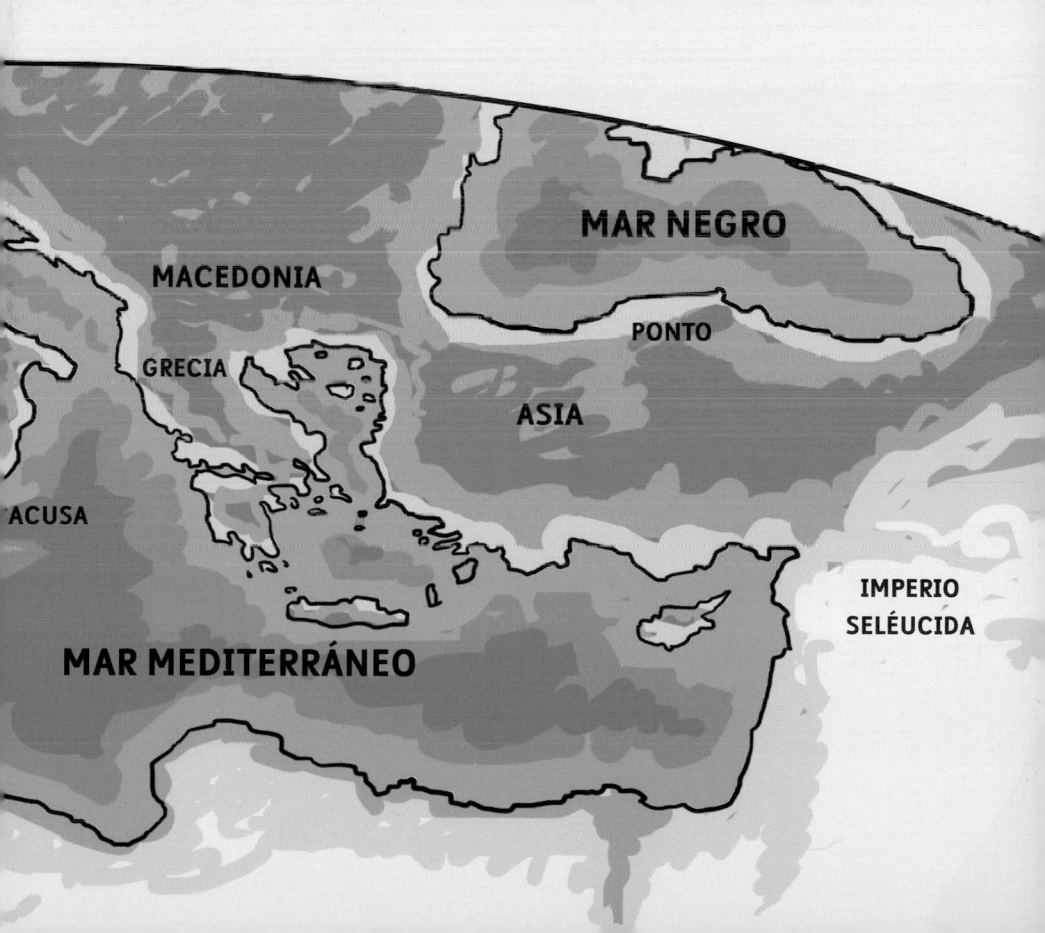

MAR NEGRO

MACEDONIA

PONTO

GRECIA

ASIA

ACUSA

IMPERIO
SELÉUCIDA

MAR MEDITERRÁNEO

LA PRIMERA GUERRA PÚNICA
(264-241 a. C.)

Muerte entre las olas

Las primeras **batallas navales** fueron catastróficas para los romanos: los barcos cartagineses maniobraban mejor y derrotaron fácilmente a los inexpertos romanos. Y así siguió siendo hasta que algún ingenioso romano inventó una máquina llamada *corvus*: una pasarela acabada en un pincho, que se clavaba en la nave enemiga y permitía a los soldados pasar al otro barco mientras este no se podía mover. Así, los romanos podían hacer en el mar lo que mejor se les daba en tierra: matar gente. En menos de cuatro años, los romanos aprendieron los secretos del combate naval y **derrotaron** a la flota de los cartagineses, que ya no tenían dinero para construir otra. Sin barcos y sin oro, a Cartago no le quedó más remedio que pedir la paz.

Cartagineses en Hispania

Para compensar las pérdidas, los cartagi-  neses enviaron a Amílcar Barca a **Hispania**. Conquistó la mitad sur y fundó **Cartago Nova,** actual Cartagena. Murió luchando contra unos hispanos rebeldes y su yerno, **Asdrúbal el Bello**, tomó el relevo. Asdrúbal sería asesinado por un esclavo que pretendía vengar a su amo, el rey celta Tagus, al que Asdrúbal había crucificado.

ANÍBAL, EL TERROR DE ROMA
(247-183 a. C.)

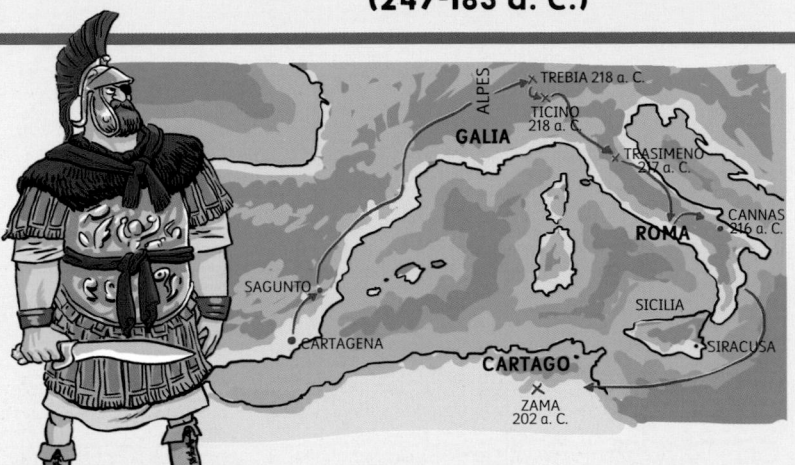

La segunda guerra púnica (218 a. C.)

Al morir Asdrúbal, el mando de su ejército pasó al hijo de Amílcar: **Aníbal**. Es uno de los personajes más **interesantes** de la Antigüedad. A los 11 años, rogó a su padre que le dejara acompañarlo a Hispania. Amílcar aceptó a cambio de que jurara **odio eterno a los romanos**. A los 19 años, era oficial de caballería. A los 27, fue nombrado comandante y acabó de conquistar el sur de Hispania. Cuando conquistó la ciudad griega de Sagunto, aliada de Roma, empezó la **segunda guerra púnica**.

Los romanos enviaron ejércitos a Hispania y a África, pero Aníbal hizo algo que los romanos no esperaban. **Cruzó los Pirineos con su ejército y más de 30 elefantes**. Entró en la Galia y reclutó soldados galos para atacar Roma desde el norte de Italia. Aníbal estaba convencido de que los pueblos italianos conquistados por los romanos se unirían a él y, juntos, aplastarían Roma.

Aníbal cruza los alpes

Aníbal **esquivó** a los romanos y condujo su ejército a través de los Alpes. Sus hombres provocaron a los soldados romanos, que se lanzaron muy confiados contra los cartagineses. Cruzaron el río Trebia y empezó la batalla. Pero Aníbal había **escondido** a sus jinetes entre unos árboles. Salieron por sorpresa, **rodearon** a los romanos y los derrotaron.

La batalla del lago Trasimeno (217 a. C.)

Poco después, los romanos enviaron otro ejército, pero Aníbal les tendió una **emboscada** en un desfiladero junto al lago Trasimeno. Fue el segundo ejército romano al que derrotó. Los romanos intentaron bloquear a los cartagineses en un valle, vigilando todos los pasos de montaña. Aníbal los **engañó** atando antorchas en los cuernos de sus bueyes y conduciéndolos en plena noche por uno de los pasos. Los romanos creyeron que Aníbal intentaba escapar y fueron todos a detenerlo. Mientras tanto, Aníbal pudo **escapar** por otro paso, que los romanos habían abandonado para ir a perseguir a los bueyes.

CANNAS, LA MEJOR BATALLA DE LA HISTORIA (216 A. C.)

Aníbal se colocó entre un imponente ejército romano y la ciudad donde se guardaban sus víveres: **Cannas**. Los romanos y los cartagineses se enfrentaron en una de las batallas más épicas de la Antigüedad.

El ejército romano era el más grande del mundo, con **80 000** soldados. El cartaginés era más o menos la **mitad**. Pero Aníbal tendió una nueva **trampa** a los romanos, sus hombres los derrotaron y los rodearon completamente. Los legionarios estaban tan pegados entre ellos que apenas podían moverse y los cartagineses los fueron encerrando más y más. Murieron unos 50 000 romanos y otros 20 000 fueron hechos prisioneros.

Muchas ciudades de Italia se **aliaron** con Aníbal, pero Roma **resistió**. Los adolescentes y los ancianos se unían a las legiones, las mujeres entregaban sus joyas al Senado para financiar la guerra. Al cabo de poco, tenían listo un **nuevo ejército**, que fue enviado a Hispania bajo el mando de Publio Cornelio Escipión, para impedir que Aníbal recibiera refuerzos. Aníbal, sin máquinas de asedio, no pudo tomar Roma y se pasó diez años luchando con los romanos y saqueando Italia.

Una vez asegurado el control de Hispania, la legión de Escipión desembarcó en África y consiguió que los jinetes **númidas**, que hasta ahora eran aliados de los cartagineses, se pasaran al bando romano. Aníbal volvió de Italia con sus soldados y se dispuso a luchar contra Escipión.

En la **llanura de Zama**, cerca de Cartago, iba a decidirse de una vez por todas quién dominaría el Mediterráneo.

La batalla de Zama (202 a. C.)

Sin la ventaja de la caballería númida, Aníbal intentó romper las líneas romanas con sus elefantes. Pero Escipión colocó ante los animales un montón de soldados con **tambores y trompetas**. Hicieron tanto ruido que los elefantes se asustaron, se dieron la vuelta y aplastaron a sus propios soldados. ¡Los romanos habían **derrotado** por fin a Aníbal!

LA BATALLA DE SIRACUSA
Y EL RAYO DE CALOR (214-212 A. C.)

Tras la batalla de Cannas, la ciudad griega de **Siracusa**, en Sicilia, se rebeló contra Roma. Los romanos sitiaron la ciudad por tierra y mar. Pero no contaban con **Arquímedes**, un genial matemático e inventor, que se encargó de organizar la defensa de la ciudad.

Construyó catapultas y ballestas gigantes para hundir los barcos romanos. Los romanos habían colocado escaleras de asalto en sus barcos, para poder tomar la muralla desde el mar.

Se dice que Arquímedes inventó el **rayo de calor**, unos enormes espejos que concentraban los rayos de sol en las velas de los barcos romanos, prendiéndoles fuego desde lejos. También construyó las **garras de Arquímedes**, unas máquinas parecidas a grúas con ganchos, que agarraban los barcos y los volcaban.

¡Eureka!

El rey de Siracusa, Hierón II, tenía una nueva **corona** de oro, pero sospechaba que el artesano podía haber usado otros materiales para quedarse con parte del oro. Pidió a **Arquímedes** que averiguara si la corona era de oro puro. El matemático sabía calcular el peso del oro si conocía el volumen exacto, pero ¿cómo determinar el **volumen** de la corona sin fundirla?

Lo averiguó mientras se **bañaba**, al notar que el agua subía cuando él se metía en la bañera. Se le ocurrió que podía meter la corona en un barreño y medir cuánto subía el nivel de agua. Así, podía compararla con el peso del objeto y saber si la **densidad** de la corona coincidía con la del oro puro. Se dice que, entusiasmado, salió corriendo hacia el palacio de Hierón, desnudo y gritando «¡eureka!», que en griego significa «¡lo he descubierto!». Así nació el **principio de Arquímedes**.

La muerte del genio

Tras dos años de sitio, en el 212 a. C., los romanos tomaron Siracusa. Arquímedes estaba en la **playa**, trabajando en un problema de matemáticas, cuando un soldado romano se le acercó y le ordenó que se reuniera con el general Marcelo. Cuando el matemático se negó, el soldado se enfadó y lo **mató**.

La leyenda dice que sus últimas palabras fueron «**no pises mis círculos**», refiriéndose a unos dibujos que había hecho en la arena.

LA CONQUISTA DE MACEDONIA
(168 a. C.)

Macedonia es una región montañosa al norte de Grecia. Mientras los romanos conquistaban Italia, Macedonia conquistó Grecia y se expandió hacia Asia gracias a su militar más famoso: **Alejandro Magno**.

Falange vs. Legión

La táctica militar de la **falange** consistía en una masa de hombres con lanzas muy largas, avanzando como un bloque. El problema era que los soldados tenían que estar muy juntos para poder defenderse. Si en el terreno había obstáculos como trincheras, árboles o ríos, la falange dejaba huecos entre los soldados y entonces eran vulnerables.

Los ejércitos romanos, al principio, también peleaban así. Pero cuando les tocó combatir a los **samnitas**, que vivían en las montañas, tuvieron que cambiar de táctica. Así nacieron los **manípulos**: una formación en la que los soldados se colocaban en cuadros dejando separaciones entre ellos, como un **tablero de ajedrez**. Así ganaban en movilidad y podían estirarse como los dedos de una mano o agruparse y golpear como un puño. Esto les permitió luchar con eficacia en cualquier terreno y contra cualquier enemigo.

La batalla de Pidna (168 a. C.)

Al principio de la batalla, el muro de lanzas de la falange macedonia hizo pedazos a las legiones. Los romanos corrieron hacia las **laderas** que rodeaban el campamento, perseguidos por los macedonios. Pero cuando los macedonios se metieron en aquel terreno, empinado y lleno de piedras, empezaron a dejar **huecos** entre los escudos. El general romano **Lucio Emilio Paulo** vio lo que pasaba y ordenó a sus soldados que se metiesen en esos huecos. En las distancias cortas, los macedonios no podían usar sus lanzas, que medían casi **seis metros**. Los legionarios los acuchillaron con sus espadas cortas.

Los legionarios mataron en menos de una hora a más de 20 000 macedonios e hicieron prisioneros a 11 000. Macedonia, que había conquistado Grecia y derrotado al Imperio persa, cayó en **una sola tarde** ante las legiones romanas.

El último rey de Macedonia

El rey **Perseo** huyó con unos pocos soldados y todos los tesoros del reino. Intentó refugiarse en la isla sagrada de **Samotracia**, pero los romanos rodearon la isla y todo el mundo lo abandonó. Intentó huir de nuevo, pero fue capturado y enviado a Roma como **prisionero**.

LA GUERRA DE NUMANCIA
(154-133 a. C.)

Durante 20 años, la tribu de los **arévacos** resistió a los romanos, atrincherada en la ciudad de Numancia. Todos los años, los romanos enviaban sus ejércitos a conquistar la ciudad, y todos los años volvían a casa derrotados. Los numantinos resistieron los asaltos de los romanos dando muestras de gran valor, pero los romanos se sintieron insultados por el hecho de que una pequeña ciudad pudiera derrotar a sus legiones.

La guerra de fuego

Tras sufrir vergonzosas derrotas, el Senado envió a **Escipión**, el conquistador de Cartago, a someter de una vez por todas a los numantinos. Llegó con sesenta mil soldados. Primero saqueó los campos para que Numancia no tuviera provisiones y luego la **bloqueó** con una empalizada y varios campamentos rodeados de fosos y murallas. La ciudad se quedó sin comida muy pronto. Las enfermedades y el hambre mataron a la mayoría. Cuando se vieron perdidos, los numantinos prefirieron **quemar** la ciudad y suicidarse antes que rendirse a los romanos.

(151 a. C.)

En el 219 a. C., los romanos habían enviado sus legiones a Hispania para luchar contra los cartagineses y, ya que estaban allí, aprovecharon para someter a las **tribus celtíberas** que la habitaban y conquistar sus ciudades. Pero algunas tribus no se dejaron someter y resistieron durante años.

Viriato pone en jaque a Roma

En el 151 a. C., Roma envió al pretor **Servio Sulpicio Galba** a castigar a las tribus **lusitanas**, del actual Portugal, por rebelarse. Galba incendió granjas, pueblos y ciudades, asesinando a miles de inocentes. Cuando los líderes lusitanos protestaron, se disculpó y les prometió tierras fértiles donde podrían construir granjas y vivir en paz con Roma.

Acudieron unos **30 000** al reparto de tierras. Galba les exigió entregar sus armas como signo de confianza. Entonces, los legionarios los atacaron a traición. Los que no **murieron** allí mismo, fueron vendidos como **esclavos** en las Galias.

Uno de los pocos que escapó era un líder lusitano llamado **Viriato**. Condujo una guerra de **guerrillas**, atacando con pequeñas unidades en los puntos débiles y evitando las batallas en campo abierto, donde los romanos tenían las de ganar. El cónsul Cepión de Roma sobornó a tres de los comandantes de Viriato para que lo asesinaran a traición. Un curioso mito dice que, cuando fueron a cobrar la recompensa, el mismo cónsul, fingiendo que no sabía nada del acuerdo, los echó a patadas diciendo «**Roma no paga a traidores**».

LA TERCERA GUERRA PÚNICA
(149-146 a. C.)

La última batalla de Cartago

A consecuencia de la segunda guerra púnica, Cartago tuvo que pagar una dura **multa** anual y reconocer la independencia del reino de Numidia. Los númidas empezaron a atacar a los cartagineses y, cuando estos contratacaron, Roma les declaró la guerra.

Los cartagineses se rindieron y Roma empezó a **exigirles** cosas cada vez más bestias.

Primero, que les entregaran a los **hijos** pequeños de las principales familias de la ciudad como rehenes, para matarlos si Cartago desobedecía a Roma.

Después, exigieron la **entrega** de todos los barcos, armas y armaduras. Los cartagineses obedecieron otra vez.

Luego, que abandonaran la **ciudad** para que los romanos pudieran destruirla. Eso ya fue demasiado y los cartagineses se prepararon para la **guerra**.

En unas semanas, fabricaron miles de armas y armaduras, construyeron catapultas y reforzaron las defensas de la ciudad. Los romanos tardaron **dos años** en asaltar Cartago.

Cuando entraron en la ciudad abriendo grietas en los muros, se encontraron con una resistencia feroz. Los cartagineses atacaban desde los tejados, arrojando lanzas, flechas, piedras o tejas. Los romanos empezaron a quemar las casas para hacerlos bajar.

Las legiones se hicieron con la ciudad tras una terrible carnicería y Cartago **ardió** durante seis días y seis noches.

De los 500 000 habitantes que tenía Cartago, solo sobrevivieron unos 50 000, que fueron vendidos como esclavos. La ciudad fue **demolida** y sus campos sembrados con sal para que no creciera nada. Así fue como Cartago, que había luchado por dominar el Mediterráneo durante 600 años, **desapareció** de la historia.

La esclavitud, el hecho de que una persona sea **comprada y vendida** como una mercancía o un animal) era algo típico de la Antigüedad, no solo de los romanos. Aunque no fue igual en todas las épocas.

En los primeros tiempos de Roma, los esclavos eran pocos y caros. Formaban parte de la familia, como sirvientes o trabajando en el campo. A veces, los niños abandonados o las personas con deudas se convertían en esclavos. Sin embargo, la mayoría lo eran por haber **nacido** de madre esclava.

A medida que Roma fue conquistando el Mediterráneo, fueron llegando grandes cantidades de **prisioneros** de guerra. Cuando una ciudad era tomada por los romanos, todo el mundo era parte del botín. Por eso, a las legiones siempre las seguía un montón de **mercaderes**, que compraban a los prisioneros para revenderlos.

Se cuenta que Julio César llevó a Italia **un millón** de esclavos galos. En los mercados, se llegaron a comprar 10 000 personas de una sola vez.

TAL VEZ NO SABÍAS QUE...

En los mercados, a los esclavos se los **exhibía** desnudos, para que el comprador pudiera examinarlos al detalle. Solían llevar un cartel al cuello donde se explicaba lo que sabían hacer. Un buen cocinero o una peluquera que conociera bien su oficio podían ser bastante **caros**.

NO SÉ SI ME FASTIDIA MÁS QUE ME VENDAN COMO ESCLAVO O QUE ME VENDAN DE OFERTA.

3x2

COMPRE 2 Y LLÉVESE 3

La primera guerra servil (135-132 a. C.)

Cuando los romanos conquistaron **Sicilia**, la llenaron de esclavos para trabajar en los campos. Pero la mayoría habían sido hombres libres y no estaban acostumbrados. Sus dueños los trataban fatal y tenían que robar para poder comer. Un esclavo llamado **Euno** aseguraba que había tenido visiones en que los esclavos se **rebelaban** y conquistaban su libertad. Muchos le creyeron y se unieron a una rebelión que duró tres años. Al final, Roma envió 70 000 legionarios a Sicilia, que acorralaron a los esclavos rebeldes y los masacraron.

Debido a la gran cantidad de conquistas, había tantos esclavos que las personas eran más baratas que los animales y se las trataba igual de mal.

Si eras un esclavo, lo peor que te podía pasar era ir a parar a las **minas**, porque el trabajo era como una condena a muerte. Un poco mejor, pero no mucho, estaban los que trabajaban en los **campos**. Los que trabajaban en las **ciudades**, por otra parte, podían tener profesiones respetables, como médicos, artistas o profesores y algunos de ellos llegaban a ser **liberados** cuando su amo moría.

La vida de los esclavos

Los esclavos que trabajaban en los campos las pasaban canutas. Comían las sobras de sus amos, vestían harapos y dormían en el suelo. No podían casarse ni tener familia. Si una esclava tenía un **hijo**, lo vendían cuando aún era un bebé. Cuando un esclavo desobedecía o intentaba escapar, era **torturado** delante de los demás, para dar ejemplo. En cierta ocasión, un esclavo asesinó a su amo. Como castigo, todos los esclavos de la casa fueron ejecutados, ¡y eran más de 400!

Hemos conquistado el mundo. ¿Y ahora qué?

Los romanos tardaron menos de 200 años en conquistar todo el **Mediterráneo**. Durante el proceso, llegaron grandes cantidades de oro, mercancías y esclavos, y algunas personas se hicieron muy ricas.

Mientras los hombres luchaban y morían en las guerras de conquista, muchas **granjas** italianas fueron saqueadas y destruidas. Los ricos compraban esas granjas y las llenaban de esclavos.

Los campesinos se quedaron sin tierras que cultivar y se fueron a Roma en busca de oportunidades. Pero en Roma tampoco había mucho trabajo, porque era más barato comprar un esclavo que contratar a un hombre libre.

Todos esos desempleados formaban el pueblo de Roma y eran importantes en época de elecciones, porque eran pobres, pero podían **votar**.

Optimates contra *populares*: la primera guerra civil

Algunos políticos ambiciosos pensaron en usar al pueblo para sus fines. Empezaron a organizar espectáculos gratuitos y a repartir comida a los necesitados a cambio de sus votos. La ciudad quedó dividida en **dos bandos**: los que apoyaban el poder del Senado y de la nobleza romana, llamados *optimates*, y los *populares*, que se suponía que estaban a favor del pueblo. Con el tiempo, los enfrentamientos entre estos dos bandos acabaron en una **guerra civil**.

LAS REFORMAS DE
LOS GRACOS (133-123 A. C.)

Tiberio Graco (162-133 a. C.)

En este ambiente dividido, apareció un político *popular* llamado **Tiberio Sempronio Graco**. De joven, se alistó en las legiones y cruzó Italia a pie para ir a combatir contra Numancia. Por el camino, comprendió cómo los triunfos militares de Roma habían llevado a la **ruina** a los campesinos, los que combatían en verano y luego volvían a cosechar sus campos.

Ahora eran gente pobre, sin tierras que cultivar, porque los ricos se las habían quedado todas; sin trabajo, porque los esclavos lo hacían gratis, y sin esperanza.

Tiberio dio discursos prometiendo tierras y comida si lo votaban. Cuando fue elegido **tribuno**, creó una serie de leyes que favorecían a los pobres y perjudicaban a los muy ricos.

Las grandes **fincas**, casi siempre propiedad de los senadores, iban a ser divididas en parcelas más pequeñas y repartidas entre los pobres. Los senadores, furiosos, rompieron las patas de las sillas del Senado y se lanzaron contra Graco y sus seguidores, **apaleándolos** hasta la muerte y arrojando sus cuerpos al río.

Años después, el hermano de Tiberio, **Cayo Sempronio Graco**, se presentó a las elecciones y fue nombrado tribuno. Proclamó nuevas leyes que protegían a los pobres y les daban tierras y trabajo. Pero los senadores organizaron un ejército que asesinó a todos sus partidarios.

Las reformas de los Gracos no tuvieron efecto hasta que, años después, un político *popular* se hizo con el poder, derrotando con sus legiones a las del Senado.

Ese hombre era **Julio César**, el más importante de una serie de líderes que estaban surgiendo al final de la República. Conozcamos a unos cuantos.

MARIO CONTRA LOS GERMANOS (157-86 A. C.)

Cayo Mario fue un militar que empezó como soldado raso y ascendió a **general** gracias a su inteligencia y valor. A los senadores no les caía bien porque era hijo de un campesino y estaba a favor de las reformas de los Gracos. Pero consiguió ser nombrado cónsul y se hizo con el mando del ejército.

Los ejércitos romanos estaban siendo derrotados en África. Mario reclutó a gente pobre e hizo que el Estado les **pagara** armas, comida y una pensión para cuando se jubilaran. Hasta entonces, el servicio militar era cosa de campesinos que se alistaban unos meses, pagándose sus propias armas y comida. Pero los soldados de Mario, que no tenían tierras a las que volver, se convirtieron en soldados profesionales a tiempo completo. Cuando los ejércitos germanos invadieron Italia, Mario y sus soldados los derrotaron. Mario se convirtió en un héroe y fue elegido cónsul seis veces más.

Las águilas de Roma

Mario equipó a todos los legionarios con las mismas armas y ordenó que se entrenaran durante todo el año. Obligó a los soldados a cargar con sus propias pertenencias, tiendas, armas, etc., para desplazarse más rápido que si iban seguidos por carros. Introdujo el **estandarte** del águila como símbolo de sus soldados.

El Senado y la aristocracia querían apartar a Mario del poder y escogieron como cónsul a Cornelio Sila. Había combatido bajo las órdenes de Mario hasta que el Senado le dio un ejército para combatir a un rey rebelde en Grecia.

Sila ordenó a sus soldados marchar **contra Roma**, algo que nunca había pasado y era ilegal. Mario organizó un ejército reclutando gladiadores, pero Sila lo derrotó y Mario escapó a **África**. Allí preparó otro ejército, que entró en Roma mientras Sila estaba combatiendo en Grecia.

Poco después, Mario murió de viejo y Sila regresó a Roma, donde masacró a los partidarios de Mario, a la vez que se quedaba con sus propiedades y las repartía entre sus amigos.

Ya en el año 81 a. C., renunció a la dictadura y se **retiró** a una finca, donde pasó sus últimos años disfrutando de fiestas y excesos en compañía de sus veteranos y su joven esposa Valeria, mientras escribía sus memorias.

Cuando murió, dejó un **epitafio** que decía que nadie le había superado ni en hacer el bien a sus amigos ni el mal a sus enemigos.

Pompeyo, el grande (106-48 a. C.)

Cneo Pompeyo venía de una familia muy **rica** que se había unido a Sila en la guerra contra Mario.

El Senado lo envió a Hispania para derrotar a un general rebelde. Después lo nombraron **cónsul** y le encargaron que acabara con los **piratas** del Mediterráneo. En menos de un año, hundió cientos de sus barcos e hizo miles de prisioneros. A raíz de aquello, el Mediterráneo estuvo libre de piratas durante varios siglos.

Poco después fue enviado a Oriente para acabar con dos reyes griegos rebeldes. Cuando regresó, lo recibieron como a un héroe, pero el Senado no le dio lo que él quería: tierras y granjas para recompensar a sus soldados.

El primer triunvirato

Cuando el Senado le negó las tierras para sus veteranos, Pompeyo se alió con **Craso** y **César**, formando el primer triunvirato: todo el poder quedó repartido entre tan solo **tres personas**. El prestigio de Pompeyo en el Senado, las inmensas riquezas de Craso y la popularidad de Julio César les permitieron dominar la política de Roma durante años.

Craso, el ricachón (115-53 a. C.)

Marco Licinio Craso era un comandante que tenía mucho oro, pero **envidiaba** a Pompeyo y a César por sus éxitos militares. Cuando César conquistó las Galias, la actual Francia, no pudo más. Sentía tal deseo de gloria que se marchó a Oriente Medio a luchar contra los **partos**.

Craso no se preocupó por conseguir un mapa. Confió en un nativo, que engañó a sus tropas y los metió en el desierto. Los partos los atacaron y aniquilaron, pero Craso fue capturado vivo. Se cuenta que el rey de los partos fundió los anillos de los amigos ricos de Craso y le vertió el **oro fundido** por la garganta.

De su mala preparación para esta campaña militar y de las nefastas consecuencias que tuvo es de donde proviene la expresión actual «**craso error**».

El bombero con dinero

Craso era hijo de un millonario que había ayudado a Sila a hacerse con el poder. Como agradecimiento, Sila dejó que Craso comprara muy baratas las **casas** de la gente a la que asesinaba. Craso no tenía suficiente, así que organizó el primer servicio de **bomberos**. Pero no eran bomberos normales: llegaban al incendio y le ofrecían al dueño que les vendiera su edificio muy barato. Si el dueño se lo vendía, apagaban el incendio. Si no se lo vendía, dejaban que se **quemara**.

Espartaco y la rebelión de los esclavos (73-71 a. C.)

Mientras Pompeyo estaba ocupado con la rebelión en Hispania, una **revuelta** mucho más peligrosa estallaba en Italia.

Resulta que unos esclavos, que se entrenaban para ser gladiadores, decidieron fugarse. Eligieron como jefe a **Espartaco**, que se dedicó a liberar a todos los esclavos que encontraba: **miles** de ellos se unieron a su rebelión. Los que habían recibido entrenamiento como gladiadores enseñaron a los demás a luchar. Los que habían sido artesanos y herreros fabricaron armas y armaduras. Con todos esos hombres y mujeres sedientos de libertad, formó un poderoso ejército que derrotó a varias legiones romanas.

Los esclavos rebeldes huyeron al norte de Roma, pero, en vez de cruzar los Alpes y escapar de Italia, prefirieron volver al sur, derrotando a las legiones y arrasando todo a su paso.

El Senado le dio el mando a **Craso**, que acorraló a los rebeldes en el sur de Italia. Los esclavos iban a cruzar el estrecho hasta Sicilia, pero los piratas que los tenían que llevar los dejaron tirados. Las legiones de Craso cayeron sobre los esclavos y los derrotaron. Espartaco, al ver que todo estaba perdido, **murió matando**, llevándose por delante a muchos soldados y a dos centuriones. Quedó tan destrozado que no pudieron ni identificar el cadáver. Los esclavos que pudieron huir hacia el norte se toparon de morros con las legiones de **Pompeyo**, que había vuelto de Hispania. Pompeyo llegó a Roma el primero y todos creyeron que había sido él quien había derrotado a Espartaco.

Craso, el millonario sanguinario

Craso demostró ser un líder implacable. Una de sus legiones huyó en pleno combate, arrojando sus armas y escudos. Craso los sometió a una *decimatio*, un castigo que hacía siglos que no se utilizaba: uno de cada diez hombres fue azotado hasta la muerte por sus propios compañeros. Tras la derrota de Espartaco, 6000 esclavos fugados fueron capturados en los bosques donde se escondían. Craso ordenó que los **crucificaran** a todos a lo largo de la carretera que llevaba a Roma, como ejemplo para los demás.

JULIO CÉSAR
(100-44 a. C.)

Cayo Julio César provenía de una familia aristocrática, pero **pobre**. Se había distinguido como soldado, luchando con valor en Asia e Hispania.

Cuando volvió a Roma, pidió un préstamo a Craso para presentarse a las elecciones. Era un reconocido jefe de los *populares* y la mayoría de los senadores lo odiaban. Pero el Senado cometió un gran error al negarse a repartir las tierras que Pompeyo les había prometido a sus soldados. Pompeyo y Craso pusieron sus riquezas a su disposición y César se convirtió en **cónsul**. Lo primero que hizo fue entregar tierras a los veteranos de Pompeyo.

El pueblo estaba encantado, porque César financió unos **espectáculos** con fieras y gladiadores como nunca se habían visto antes. También empezó a repartir **alimentos** entre los pobres, que lo consideraban uno de los suyos. Cuando se le acabó el mandato, puso a dos de sus hombres como cónsules y consiguió que le nombraran **procónsul** durante cinco años. Su nombramiento le daba el control del ejército en las Galias. Estaba a punto de conseguir la gloria militar y un ejército fiel.

La madre de Julio César

La dama **Aurelia**, hija de un cónsul, pasó muchas calamidades durante la dictadura de Sila debido a su parentesco con Cayo Mario. Sila mandó ejecutar al pequeño Julio, pero Aurelia logró **salvarle** la vida. A cambio, tuvo que mudarse a **Subura**, el barrio más pobre de Roma, donde le dio a su hijo una educación asombrosa para su clase económica.

La guerra de las Galias

Cuando César llegó a la Galia, encontró un país dividido en un montón de **tribus celtas** que siempre estaban en guerra unas con otras. Aprovechó una invasión de tribus del norte para fingir que protegía a los galos y, de paso, **conquistarlos**. El país que hoy es Francia acabó en las manos de César.

Todo le iba bien hasta que apareció un líder galo llamado **Vercingetórix**, que unió a todo el país contra los romanos.

César derrotó a Vercingetórix, que se refugió con sus hombres en la ciudad de **Alesia**, construida sobre una colina de piedra que, en teoría, era imposible de conquistar.

César rodeó Alesia con una **doble empalizada**: una hacia la ciudad y otra hacia los soldados galos, que acudieron por millares para rescatar a su jefe. El ataque de los galos duró una semana. Los hombres de César estuvieron a punto de ser derrotados, pero lograron resistir y derrotar a un feroz ejército enemigo.

Vercingetórix se **rindió** a cambio de que sus hombres fuesen perdonados. Ahora, toda la Galia era de César.

LA SEGUNDA GUERRA CIVIL
(49-45 a. C.)

Cruzar el Rubicón

El Senado temía que César usara sus legiones y riquezas para hacerse con el poder por la fuerza. Así que le enviaron una carta donde se le exigía que volviera a Roma él solo, para ser juzgado por haber reclutado soldados sin permiso. Como todos los jueces eran senadores conservadores, César estaba seguro de que sería declarado culpable. Marchó hacia Roma y se topó con un pequeño río llamado **Rubicón**, la frontera entre Roma y la Galia. Si lo cruzaba con sus tropas, estaría haciendo algo ilegal y ya no habría marcha atrás. Decidió cruzar el río con su legión, diciendo «**alea iacta est**», que viene a significar «la suerte está echada». Y así empezó la **segunda guerra civil**.

Los senadores ordenaron a **Pompeyo** que reuniese un ejército contra César. Eran más soldados, pero los de César tenían más experiencia. Así que Pompeyo decidió irse a Grecia, donde se estaba reuniendo un gran ejército. César lo persiguió, pero no pudo darle alcance.

Los hombres de César construyeron barcos. La mitad de las tropas cruzó el mar hasta Grecia, cerca de Pompeyo. Si Pompeyo hubiera atacado en ese momento, probablemente los habría derrotado, pero tardó demasiado en decidirse. Para cuando atacó, la otra mitad del ejército de César, al mando de **Marco Antonio**, ya había desembarcado.

La batalla de Farsalia

En las llanuras de Grecia, los dos generales romanos más grandes de su tiempo se enfrentarían en una batalla definitiva por el control de Roma. Pompeyo intentó sorprender a su enemigo con una impresionante carga de caballería: **7000 jinetes** que se lanzarían al galope, rodeando al enemigo por sorpresa y haciéndolo trizas.

César se lo esperaba y había escondido a algunos de sus mejores hombres por si intentaba algo así. Cuando los jinetes aparecieron, los veteranos formaron un **muro de lanzas y escudos**. Los caballos, que no son tontos, frenaron en seco. La caballería de Pompeyo había perdido el elemento sorpresa y los hombres de César los obligaron a retirarse.

Pompeyo **huyó** a caballo y, cuando sus hombres vieron que se largaba y los dejaba tirados, se **rindieron** en masa a las fuerzas de César.

CÉSAR DICTADOR
(48-44 a. C.)

Pompeyo pierde la cabeza

Pompeyo huyó a Egipto, donde también había una guerra civil entre los dos hijos del faraón, **Ptolomeo XIII y Cleopatra VII**. Ptolomeo pensó en aliarse con César y mató a Pompeyo. Cuando César llegó a Egipto, Ptolomeo le trajo la **cabeza** de su rival en una bandeja. A César no le hizo gracia que un gran general romano fuese asesinado a traición y se enfadó bastante.

César y Cleopatra

Cuando César conoció a Cleopatra, quedó fascinado.

Intentó que los dos hermanos se llevaran bien, pero Ptolomeo decidió atacar el palacio donde César se alojaba con Cleopatra. El asedio duró varios meses, hasta que llegaron los refuerzos de César y derrotaron a las tropas de Ptolomeo. El faraón derrotado se ahogó en el **Nilo** mientras intentaba huir en barco. César se quedó en Egipto varios meses. Él y la faraona Cleopatra tuvieron un hijo al que apodaron **Cesarión**, que sucedería a su madre como siguiente faraón de Egipto.

César en Roma

Al poco de nacer su hijo, Julio César volvió a Roma para poner orden y aplicar, de una vez, las **reformas de los Gracos**. Empezó a repartir comida entre los pobres y a construir edificios públicos para dar trabajo a la gente sin empleo.

Pero quizá lo más importante que hizo fue cambiar el **calendario**, que antes de él era muy complicado, y lo transformó en uno muy parecido al que usamos hoy en día.

El asesinato de César (44 a. C.)

César era cada vez más popular. Los senadores sabían que ya no pintaban nada y estaban furiosos. Julio César estaba a punto de irse con sus legiones a Partia para vengar la derrota de Craso. Los senadores lo esperaron en el Senado con **puñales** ocultos bajo las togas. Cuando César llegó, lo rodearon y apuñalaron. Al principio intentó defenderse, pero dejó de hacerlo cuando vio que uno de sus asesinos era **Bruto**, al que quería como a un hijo.

LOS HEREDEROS DE CÉSAR
(42 a. C.)

La hora de Marco Antonio

Marco Antonio era el hombre de confianza de Julio César y todos pensaban que sería designado su sucesor, pero no fue así: César dejo su herencia a un sobrino suyo llamado **Cayo Octavio**, que después se cambió el nombre a Augusto. Los dos se aliaron para luchar contra los asesinos de César, en la **tercera guerra civil**. Cuando los derrotaron, Marco Antonio aprovechó para saldar cuentas con **Cicerón**, un político que había pronunciado discursos muy violentos contra él, llamándole de todo menos guapo. Marco Antonio colocó la cabeza de Cicerón donde todos pudieran verla, en el mismo lugar donde había pronunciado sus famosos discursos.

Marco Antonio y Cleopatra

Tras la victoria, Marco Antonio fue a Egipto y se enamoró de Cleopatra. Con su ayuda, luchó contra los partos que habían derrotado a las legiones de Craso. Poco después, se **casaron** y tuvieron dos hijos. Antonio acabó dejando de lado la política romana para pasar más tiempo con Cleopatra y sus hijos, paseando en barco por el Nilo y disfrutando de la vida.

Marco Antonio y Octavia

Mientras tanto, en Roma, **Octavio** intentaba quedarse con todo el poder. Repartió premios entre los soldados, pagó entregas de alimentos a los pobres y organizó juegos gratuitos con fieras y gladiadores.

En el momento de sellar su alianza con Marco Antonio, Octavio le había dado por esposa a su **hermana**, Octavia. Así que, cuando Marco Antonio se **divorció** de Octavia para casarse con Cleopatra, su hermano se puso furioso y se negó a enviarle tropas de refuerzo contra los partos.

Octavio y las *fake news*

Para poder declarar la guerra a Marco Antonio, Octavio necesitaba una buena excusa, porque en teoría era el Senado el que hacía esas cosas, así que se inventó una noticia falsa. Falsificó el **testamento** de Marco Antonio y lo leyó en público. En ese testamento falso, Antonio dejaba las provincias romanas que controlaba, especialmente Egipto, en manos de Cleopatra. Con esa excusa, Octavio consiguió que el Senado declarara la guerra no a Antonio, sino a Cleopatra. Así empezó la **cuarta guerra civil** de la República romana.

MARCO ANTONIO CONTRA OCTAVIO (32-30 a. C.)

La batalla de Accio (31 a. C.)

El enfrentamiento final de la guerra civil entre Marco Antonio y Octavio fue una **batalla naval** que tuvo lugar ante las costas de Grecia.

La flota de Marco Antonio y Cleopatra tenía barcos de guerra muy grandes y otros más pequeños que iban cargados con los tesoros de Egipto. Los barcos de Octavio eran más pequeños, pero mejor armados, con catapultas, ballestas de flechas incendiarias y vasijas llenas de líquidos inflamables. Aunque muchos de los barcos de Antonio fueron incendiados o abordados, sus hombres resistieron hasta que a **Cleopatra** le entró miedo al ver toda esa gente ahogándose o quemándose viva. Su barco se retiró de vuelta a Egipto y Antonio la siguió. Cuando sus hombres vieron al comandante largándose de allí con su esposa y su oro, se **rindieron** de inmediato ante las fuerzas de Augusto.

La muerte de Cleopatra

Tras la derrota, Marco Antonio recibió un informe falso que decía que Cleopatra había muerto. Creyendo que era verdad, se **suicidó** dejándose caer sobre su espada. Cleopatra intentó negociar su rendición con Octavio, pero este decidió hacerla prisionera. Humillada, Cleopatra se suicidó dejándose morder por una **serpiente** venenosa.

La caída de la República

Octavio se convirtió en gobernante de Roma. Obligó al Senado a concederle cargos y honores, entre ellos el título de **Augusto**, con el que sería conocido más adelante. Con el tesoro de Cleopatra, les dio una paga a los soldados y los asentó en granjas. La llegada al poder de Augusto, tras la batalla de Accio, marca el fin de la República romana. A partir de entonces, podemos hablar de **Imperio romano**.

PARTE III: EL IMPERIO

AUGUSTO, EL PRIMER EMPERADOR (63 A. C.-14 D. C.)

Con Augusto, empieza una nueva forma de gobierno en Roma. Durante la República, el Senado escogía dos **cónsules** cada año, que tenían el control del ejército. Augusto obligó al Senado a nombrarlo cónsul cada año, así que siempre era él quien controlaba al ejército. Este poder sobre el ejército se llamaba *Imperium*, por lo que a este periodo de la historia se le llama Imperio.

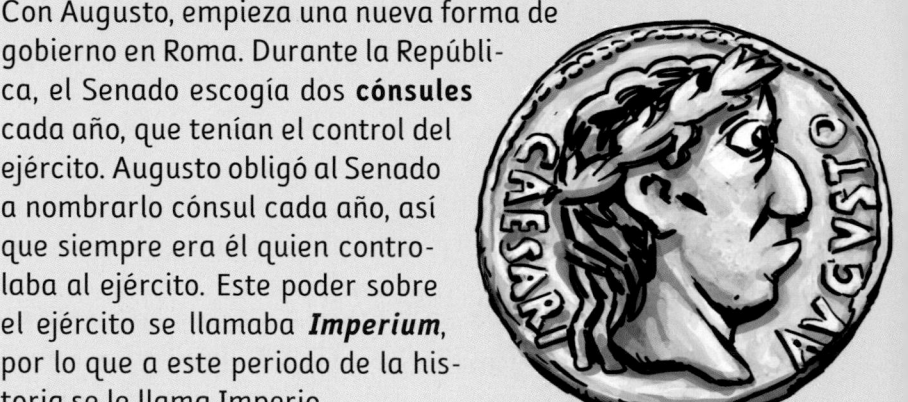

La *Pax Romana*

El gobierno de Augusto duró cerca de **40 años**. Durante ese tiempo, se acabaron por fin las guerras civiles. El Imperio romano era tan poderoso que nadie se atrevía a atacarlos, con una sola excepción, que veremos más adelante.

A este periodo se le llamó *Pax Romana,* 'paz romana'. Los caminos eran seguros y los piratas habían desaparecido, así que los comerciantes pudieron circular con seguridad por todo el Imperio y se generó una gran **riqueza**.

Augusto, con todo el oro de los impuestos de las provincias conquistadas, empezó a embellecer la ciudad, construyendo muchos edificios y reformando los que había. Él mismo decía «encontré Roma como una ciudad de ladrillo y la dejé como una ciudad de mármol». A la época de Augusto se la conoce como la **Edad de Oro**.

Augusto vivió hasta una edad muy avanzada y gobernó en paz. La única excepción la dieron los bárbaros **germanos**, que emboscaron a tres legiones en el bosque de Teutoburgo, en la actual Alemania, y las aniquilaron. Las tribus bárbaras de Germania jamás fueron romanizadas, siguieron siendo libres e independientes hasta el final.

Livia Drusila

En el año 39 a. C., Augusto conoció a **Livia Drusila**. Se enamoraron locamente y no les importó que los dos estuvieran casados y ella embarazada. Se casaron poco después y estuvieron juntos **cincuenta y dos años**, aunque nunca tuvieron hijos propios.

La mayor parte de Roma **respetaba** a Livia, que se comportaba de modo discreto y apoyaba a Augusto en sus políticas. Pero también había quien decía que tenía un lado oscuro: había rumores que la acusaban de **envenenar** a miembros de la familia real para conseguir que su hijo Tiberio fuese emperador.

Divino Augusto

Cuando Augusto murió, el Senado decidió divinizarlo. Para ello, explicaron que habían visto un **águila** salir de entre los troncos de la pira funeraria, una especie de hoguera gigante donde los romanos quemaban a sus difuntos. El águila era el símbolo de **Júpiter** y, con ese pretexto, aseguraron que Augusto se había convertido en un dios.

TIBERIO, EL VIVIDOR
(42 a. C.-37 d. C.)

Livia Drusila, la esposa de Augusto, ya tenía un hijo llamado **Tiberio Julio César Augusto**, al que Augusto adoptó. Cuando Tiberio se hizo mayor, Augusto lo nombró general y lo puso a dirigir los ejércitos en las fronteras.

Cuando Augusto murió, Tiberio fue proclamado emperador, pero **no quería gobernar**. Era mayor y estaba cansado, y solía marcharse a descansar a una casa superlujosa en la isla italiana de Capri. Dejó que **Sejano**, el capitán de la guardia de palacio, gobernara en su nombre. Pero Sejano hacía lo que quería, como si él mismo fuera el emperador. Los que protestaban eran acusados de traición y ejecutados. Incluso se atrevió a envenenar a Druso, el hijo de Tiberio. Cuando Tiberio supo de los planes de Sejano, hizo que lo **ejecutaran** y se retiró definitivamente a su villa de Capri.

TAL VEZ NO SABÍAS QUE...

Durante el reinado de Tiberio, en la lejana provincia de Judea, un predicador judío llamado **Jesús de Nazaret** fue crucificado por incitar a rebelarse contra los romanos. Siglos después, sus seguidores iniciaron un movimiento religioso en su nombre, el **cristianismo**, que fue ganando adeptos por todo el Mediterráneo.

Tiberio y el pescador

Cuenta una leyenda que un pescador **escaló** hasta la villa de Tiberio con un saco a la espalda, para ofrecerle un pez. A Tiberio no le gustó nada que lo molestaran y ordenó a sus guardias que le restregaran el maloliente pescado por la cara. Mientras lo hacían, el pescador dejó escapar una risilla y Tiberio, curioso, le preguntó qué era lo que le hacía tanta gracia. El hombre respondió que en el saco también llevaba una **langosta** y había estado a punto de ofrecérsela. Tiberio ordenó que le frotaran la langosta por la cara y al pescador se le acabó el buen humor.

La muerte de Tiberio

Tiberio enfermó gravemente, lo que fue recibido con entusiasmo por el pueblo romano, que proclamó a **Calígula** heredero del Imperio. Pero resultó que Tiberio no había muerto, sino que se había recuperado. Así que Calígula lo asesinó, **asfixiándolo** con la almohada.

CALÍGULA, EL LOCO
(12-41 d. C.)

¿Cayo o Calígula?

Cayo Julio César Augusto Germá-nico, alias Calígula, fue el tercer emperador romano. Su padre, hijo adoptivo de Tiberio, fue general de los ejércitos que luchaban contra los bárbaros en Germania, la actual Alemania. El padre de Cayo se llevó a su familia a la guerra y el chico se crio en un **campamento militar**. Los legionarios le regalaron un uniforme de soldado en miniatura. Les hacía mucha gracia verlo con las *caliga*, unas botas militares, y por eso lo apodaron *Calígula*, que en latín significa «**botitas**».

El padre de Calígula tenía que haber heredado el trono, pero murió antes de tiempo. Tiberio nombró sucesores a Calígula y a su primo **Tiberio Geme-lo**, que debían gobernar juntos. Calígula hizo matar a Gemelo para reinar en solitario y al principio las cosas le iban bien. Pero sufrió una dura enfermedad y, al recuperarse, empezó a actuar de forma extraña: se cree que la enfermedad que lo aquejó acabó afectando a su **salud mental**. A veces aparecía **disfrazado** de Júpiter o de Hércules, otras veces de mujer. Creía que los senadores querían matarlo y ordenó la ejecución de un montón de inocentes.

Al cabo de un tiempo, empezó a decir que era un dios y que los demás debían adorarlo. Encargó estatuas de Júpiter con su cara, para que hubiera una en cada rincón del Imperio.

TAL VEZ NO SABÍAS QUE...

Una de sus locuras más conocidas tenía que ver con su caballo favorito, **Incitato**. Según se cuenta, hizo que le construyeran un establo de mármol que parecía un palacio, le echaban pepitas de oro en la avena y hasta amenazó con nombrarlo **cónsul**, uno de los cargos más importantes del Imperio.

Calígula contra el mar

Calígula planificó una campaña para conquistar **Britania**, la actual Inglaterra. Cuando sus hombres estaban a punto de subir a los barcos, se desató una **tormenta** y Calígula, que no sabía nadar, tuvo miedo de naufragar. Declaró la guerra a **Neptuno**, el dios de los mares, y ordenó a sus hombres luchar contra él, arrojando flechas y lanzas contra el agua. Ordenó que recogieran conchas como trofeos y volvió a Roma diciendo que había vencido a un dios.

CLAUDIO, EL ESCRITOR
(10 a. C.-54 d. C.)

La guardia de palacio se cansó de las locuras de Calígula y lo **apuñalaron**. Encontraron a su tío Claudio temblando, escondido tras unas cortinas. Lo proclamaron emperador allí mismo, pensando que sería fácil de **manipular**, pero no fue así.

Claudio era cojo y tartamudo, y se hacía el tonto para que lo dejaran en paz. Pero, una vez en el poder, demostró que era muy inteligente. Fue uno de los mejores emperadores de Roma.

Hizo construir acueductos, carreteras y canales. Desembarcó con sus tropas para conquistar **Britania** tras el fracaso de Calígula.

Además de gobernar, Claudio escribió muchos **libros**. La mayoría eran de historia, pero otros trataban temas como los juegos de dados o la gramática.

Agripina

La hermana de Calígula, que tuvo que **exiliarse** a una isla tras una supuesta conspiración contra su hermano, pudo regresar a Roma cuando él murió. Se casó con Claudio, pero se rumoreaba que fue ella quien lo asesinó con un plato de **setas envenenadas** para hacer emperador a su hijo Nerón y manipularlo, controlando Roma desde las sombras. Nerón acabó asesinándola a ella también.

Nerón fue el **último** emperador de la dinastía Julio-Claudia, a la que pertenecieran Julio César y Augusto. Muchos historiadores lo retratan como un **tirano** que mató a su propia madre. Se ve que a Nerón lo que de verdad le gustaba era ser **actor y cantante**. Gastó mucho dinero en financiar espectáculos en los que él era el protagonista.

A Nerón se le recuerda por el **gran incendio de Roma**, en el año 64, que destruyó gran parte de la ciudad. Aunque nunca llegó a saberse si el incendio fue un accidente o fue premeditado, Nerón culpó a los **cristianos** y mató a muchos de ellos.

En el año 68, el Senado, cansado de las locuras del emperador, decidió declararlo **enemigo público**. Nerón huyó y, cuando vio que los soldados lo acorralaban, pidió a su secretario que lo apuñalara, diciendo «**¡qué gran artista muere conmigo!**».

DOS MUJERES QUE PUSIERON EN JAQUE A ROMA

Boudica, la reina guerrera

Durante el reinado de Nerón, en las **tierras celtas** que hoy son Inglaterra, estalló una rebelión liderada por una legendaria guerrera: **Boudica**, reina de los icenos.

Cuando el esposo de Boudica murió, su reino tenía que pasar a manos de sus hijas, pero los romanos aprovecharon para **invadir** el lugar y torturaron a Boudica. Sedienta de venganza, unió a varias tribus celtas para alzarse en armas contra los invasores. Sus tropas atacaron **Colchester** y, tras tender una emboscada a la legión que ocupaba Londres, mataron a todos los soldados, excepto a los que iban a caballo, que consiguieron huir.

El gobernador **Suetonio Paulino** llevó a sus legiones a una arboleda en la que no podían ser emboscados. Los guerreros de Boudica llegaron al campo de batalla con sus carros y sus familias respectivas. Aunque había más celtas que romanos, los legionarios eran soldados profesionales y resistieron. Los guerreros de Boudica se estrellaron contra el muro de escudos y tuvieron tantas bajas que se retiraron. Pero, al intentar huir, sus carros les cerraban el paso, con lo que los romanos **ganaron** la batalla. Boudica logró huir, pero prefirió suicidarse antes que caer prisionera de los romanos.

Zenobia, la reina del desierto

Boudica no fue la única reina guerrera que desafió al imperio. Tres siglos después, la reina **Zenobia** heredó el reino de **Palmira**, la actual Siria, tras el asesinato de su marido. Tras castigar al asesino, aprovechó que los romanos estaban ocupados defendiendo sus fronteras en Europa y amplió sus dominios a base de conquistar todo Oriente. Zenobia dirigió a sus tropas en la batalla y consiguió **derrotar** a los romanos en varias ocasiones; llegó incluso a **adueñarse de Egipto**.

Su reinado duró solo unos años, hasta que el emperador **Aureliano** fue reconquistando uno a uno los territorios que había perdido a manos de la reina guerrera. Finalmente, los romanos rodearon la ciudad de Palmira y Zenobia intentó escapar, pero fue capturada. Algunos historiadores afirman que el emperador liberó a la reina, que se quedó a vivir en Roma y se convirtió en una respetada **profesora de filosofía**.

VESPASIANO Y EL COLISEO
(9-79 d. C.)

Tras la muerte de Nerón, no quedaban parientes vivos de Augusto. Varios personajes se autoproclamaron emperadores y empezaron a luchar entre sí. El vencedor fue **Tito Flavio Vespasiano**, un general que había sido dejado de lado porque una vez se durmió en una de las actuaciones de Nerón.

Calígula y Nerón habían gastado tanto dinero en lujos que casi no quedaba nada, así que Vespasiano puso un impuesto a quienes recogían la **orina** de los urinarios públicos, que por entonces se empleaba para limpiar la ropa y curtir cuero. Cuando su hijo Tito protestó porque le parecía una marranada cobrar por el pis, le puso bajo la nariz una moneda y le dijo su célebre frase: «**el dinero no huele**».

El Coliseo

Vespasiano ordenó construir el **Anfiteatro Flavio** en piedra, porque el que había antes era de madera y se quemó durante el gran incendio. Fue el regalo de Vespasiano al pueblo de Roma, pero murió antes de verlo terminado. Su hijo y heredero, **Tito**, lo inauguró en el año 80 d. C. El anfiteatro se utilizó durante siglos para combates de gladiadores, cacerías de animales, ejecuciones públicas y obras de teatro. Bajo el escenario había pasillos, celdas para los condenados a muerte y jaulas para las fieras, que podían aparecer en medio de la arena a través de unos ingeniosos ascensores.

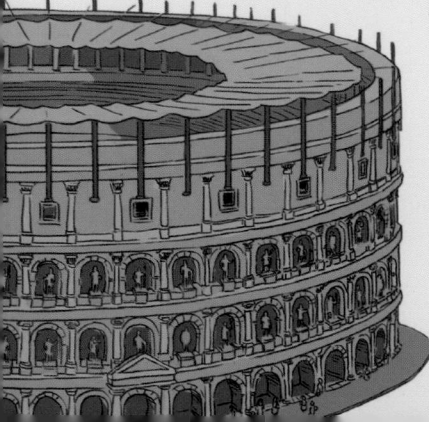

Aun en ruinas, sigue siendo un edificio impresionante. Actualmente es el monumento antiguo más visitado de Roma.

El coloso de Nerón

Nerón había encargado una **estatua** gigante de sí mismo para la entrada de su palacio. Vespasiano mandó derribar el palacio de Nerón y, en su lugar, construir el edificio más famoso de Roma, el **Anfiteatro Flavio**. Los romanos llamaban a las estatuas gigantes «colosos», así que el anfiteatro se acabó conociendo como **Coliseo**.

Los juegos del Anfiteatro

Los juegos tenían un programa fijo. Las puertas se abrían por la mañana y empezaba una exhibición de **animales** exóticos entre decorados que imitaban su región de origen. Entonces, aparecían los **cazadores** y se enfrentaban a las fieras. A la hora de comer, tenían lugar imaginativas **ejecuciones** de criminales, devorados por fieras o pisoteados por elefantes. Por la tarde, el plato fuerte: los **combates** de gladiadores.

Los gladiadores solían ser **esclavos**. Sin embargo, durante el reinado de Nerón se hizo muy famoso uno llamado **Marco Atilio**. Era un hombre libre con muchas deudas que decidió convertirse en gladiador para ganar dinero rápido. Se hizo famoso al derrotar en su primer combate a Hilario, que llevaba 13 victorias consecutivas.

El día de la inauguración del Coliseo, el combate más esperado enfrentó a dos gladiadores famosos: **Vero y Prisco**. Según un poema, combatieron mucho rato y la lucha estuvo muy igualada. Al final, los dos gladiadores se rindieron al mismo tiempo y Tito ordenó que ambos fuesen declarados **vencedores**.

Carpóforo fue un cazador muy famoso que tenía muchas admiradoras.

En una sola mañana, abatió a un león, un oso, un leopardo y un jabalí. Los escritores de la época lo compararon con **Hércules**.

Algunas clases de gladiadores

El **reciario** llevaba una red, un tridente y un puñal, además de protecciones en uno de los brazos. Se suponía que debía atrapar a su rival con la red como si fuera un pescador.

El *scissor* llevaba un arma muy chula: un tubo de acero acabado en una hoja muy afilada con forma de media luna. Solía combatir contra un reciario.

El *hoplomachus* imitaba a los hoplitas, los gladiadores griegos. Llevaba casco, protectores en las piernas, una lanza, daga y escudo.

El **tracio** llevaba casco, escudo y protectores en las piernas y en un brazo. La espada de este gladiador estaba diseñada para herir la espalda de su oponente.

TITO, EL SAQUEADOR
(39-81 d. C.)

La destrucción del templo de Jerusalén

Vespasiano estaba sofocando una rebelión en Judea cuando se le presentó la ocasión de ser emperador. Tuvo que abandonar el combate para volver a Roma, así que cedió el mando a su hijo Tito. En un **ataque sorpresa**, en el que pillaron a los guardias durmiendo, los romanos se apoderaron de la fortaleza que protegía el interior de la ciudad. Los judíos se retiraron al **templo de Jerusalén**.

Tito ofreció negociar la rendición de los rebeldes, pero estos se negaron. Ignorando las órdenes de Tito de no dañar el edificio, un soldado romano arrojó una antorcha encendida por una ventana y el templo se **incendió**. Las llamas se propagaron y la ciudad empezó a arder mientras los legionarios saqueaban el **oro** que los sacerdotes acumulaban en el templo. Ese oro sirvió para pagar las obras del Coliseo.

Cuando Tito murió, el Imperio pasó a manos de su hermano Domiciano. Gobernó con firmeza y pasó años combatiendo a los rebeldes en las fronteras del Imperio. Era popular entre los **soldados** porque estuvo con ellos en las campañas contra los bárbaros y les aumentó el sueldo.

A los senadores les caía muy mal porque era muy tiránico. Temiendo que lo asesinaran, colocó **columnas** tan pulidas que eran como espejos, por si alguien quería atacarlo por la espalda. No le sirvió de mucho: los senadores contrataron a unos asesinos que lo **apuñalaron** en su despacho.

El arco de Tito

Domiciano hizo construir un **arco de triunfo** para conmemorar la victoria de su hermano Tito sobre los judíos. El arco sigue en pie, al lado del Coliseo. En sus relieves se pueden ver escenas que representan el saqueo del templo de Jerusalén.

Tras el asesinato de Domiciano, el Senado nombró emperador al senador **Nerva**. Pero los soldados no le tenían mucho aprecio, porque se negó a ejecutar a los asesinos de Domiciano. Las tropas se rebelaron y nombraron sucesor a Trajano.

Marco Ulpio Trajano fue el primer emperador que no era italiano. Venía de una rica familia de la provincia Bética, la actual Andalucía, y era un respetado comandante militar.

Fue un emperador serio y correcto, el poder no lo corrompió y supo hacerse querer por todos, en especial por el Senado y los soldados. Destacó como comandante, especialmente durante la guerra contra los **dacios**, un pueblo que vivía en la actual Rumanía y alrededores.

Las guerras contra los dacios

Los dacios eran guerreros feroces, que se suicidaban si eran derrotados. Trajano llevó sus legiones hasta el interior de Dacia y los derrotó varias veces. La capital, Sarmizegetusa, fue destruida y sus inmensos **tesoros** fueron a parar a manos de Trajano, que los usó para construir bibliotecas y plazas en Roma, alrededor de un monumento que aún está en pie.

La columna de Trajano

Está decorada con relieves que representan las campañas de Trajano en Dacia. Es algo así como un **cómic** esculpido en piedra, lleno de escenas de batallas y demás. Los escultores no escatimaron en detalles, como esta escena en la que un soldado romano lleva entre los dientes la cabeza de un enemigo como trofeo.

ADRIANO, EL EMPERADOR
BARBUDO (76-138 D. C.)

Antes de morir, Trajano adoptó a uno de sus **sobrinos** para que heredase el Imperio. Se llamaba Adriano y era un hombre inteligente. Durante su reinado no paró de viajar por las provincias del Imperio. Lo acompañaban un montón de arquitectos y constructores que levantaban templos, puentes y hasta ciudades enteras. Se dice que algunos de esos edificios fueron diseñados por el propio emperador, que era muy aficionado a la **arquitectura**.

Adriano era muy fan de la cultura **griega** clásica. De hecho, fue el primer emperador que llevó **barba**, como los antiguos filósofos griegos. Hasta ese momento, lo normal era que los romanos fuesen bien afeitados, pero él volvió a poner de moda las barbas.

La revuelta de los judíos (132-135 d. C.)

Adriano no entendía que algunos pueblos del Imperio rechazaran la cultura griega. Pensaba construir un templo al dios griego **Zeus** donde estaba el templo de **Salomón**, considerado por los judíos como el lugar más sagrado del mundo. Los judíos planearon una revuelta, fortificando aldeas y construyendo túneles y refugios. Y tuvieron cierto éxito al principio. Pero los romanos acabaron por derrotar a los rebeldes, los judíos fueron expulsados y se dispersaron por todo el Imperio.

La frontera de piedra

Una de las construcciones más famosas de Adriano fue el **muro** que lleva su nombre. Estaba situado en la isla de **Gran Bretaña**, en el límite entre los territorios romanos de lo que hoy es Inglaterra y las tierras nebulosas y húmedas de los salvajes **caledonios**, en la actual Escocia. El muro tenía más de **100 kilómetros** y cruzaba la isla de lado a lado. Marcaba la separación entre los bárbaros y los romanos, pero era más una aduana que una defensa, porque no era muy alto y estaba lleno de puertas.

Una extendida teoría dice que estaba pensado para que los comerciantes de ambos lados del muro pagaran **peaje** al cruzar.

CÓMODO, EL GLADIADOR
(161 - 192 d. C.)

Tras la muerte de Adriano, gobernó **Antonino Pío**, y después **Marco Aurelio**. Este último murió combatiendo a tribus germanas en el norte de Europa y dejó el Imperio a su hijo **Cómodo**. Por desgracia, Cómodo no era la persona más apropiada para gobernar.

No le interesaba la guerra ni el gobierno. Firmó un **tratado** con los germanos, dándoles un montón de oro a cambio de no atacar las fronteras. Después, volvió a Roma y organizó unos juegos de anfiteatro protagonizados por un **gladiador** muy especial: él mismo.

Cómodo quería ser gladiador y salía a menudo a la arena a luchar. El pueblo se divertía, pero los senadores se **reían** de él, porque los gladiadores solían ser esclavos. Cuando Cómodo se enteró, apareció en el Coliseo disfrazado de Hércules y mató un **avestruz**. Les mostró la cabeza cortada a los senadores que estaban en las primeras filas, como diciendo «esto os puede pasar a vosotros».

Como no estaba muy bien de la cabeza y sus excentricidades costaban mucho dinero, los senadores decidieron **asesinarlo**. Convencieron a su concubina Marcia para que le **envenenase** el vino. Pero Cómodo era fuerte y el veneno solo le dio dolor de estómago. Lo vomitó, se tomó un vaso de agua y fue a bañarse. Los senadores tenían miedo de ser descubiertos, así que enviaron a un gladiador retirado, Narciso, a **estrangularlo** en la bañera.

(244-311 d. C.)

Cuando el Imperio parecía a punto de venirse abajo, Diocleciano llegó al poder. Aumentó los **impuestos** para mantener al ejército, que tenía que defenderse un poco en todos lados. Dividió el Imperio en **cuatro partes**, con un gobernante en cada una, para responder más rápido a los ataques bárbaros.

Diocleciano creía que la presencia de cristianos en el Imperio había hecho enfadar a los dioses y que por eso Roma iba tan mal últimamente. Su heredero, Galerio, lo convenció de llevar a cabo una sangrienta **persecución** religiosa, en la que ejecutó a muchísimos de ellos.

Diocleciano tenía más de 50 años cuando partió al norte a luchar contra los bárbaros. Allí, **enfermó** y empezó a sentirse viejo y cansado. Decidió irse a descansar a un palacio en lo que hoy en día es **Croacia**. Se dedicó a su huerto y decidió que ya no quería gobernar más. Cuando, años después, Constantino se hizo con el control del Imperio, pidió a Diocleciano que volviera a asumir el mando. Él respondió que prefería quedarse en palacio cultivando coles que retomar la lucha por el poder.

LA CRISIS DEL SIGLO III

Los siguientes emperadores acabaron, casi siempre, asesinados por sus propios soldados. La cosa iba de mal en peor: varios generales fueron proclamados emperadores por sus tropas a la vez y empezaron a hacerse la **guerra** entre ellos. Algunas partes del Imperio romano se declararon **independientes** y usaron a los bárbaros de las fronteras para luchar unos contra otros. El **comercio** dejó de funcionar como antes, porque los caminos ya no eran seguros.

El Imperio ya no podía pagar a sus soldados y las legiones se **rebelaban** continuamente. Los enemigos de Roma aprovechaban para atacar y no siempre era posible rechazarlos. Las ciudades empezaron a construir **murallas** para defenderse solas, porque el ejército ya no podía hacerlo.

Bárbaros contra bárbaros

En esta época, las legiones ya no estaban formadas por romanos. La gente de las ciudades no quería alistarse y que los enviaran a luchar. Los generales habían empezado a reclutar a sus tropas entre los **bárbaros**, los mismos contra los que tenían que luchar. Estos soldados se habían alistado por **dinero** y, cuando dejaban de pagarles, se unían a sus compatriotas y atacaban el Imperio. Los bárbaros acabarían creando los diversos **reinos** independientes de la Edad Media.

CONSTANTINO, EL CRISTIANO
(272-337 d. C.)

A la muerte de Diocleciano, los gobernantes de las cuatro partes del Imperio empezaron a **luchar** por el poder. Finalmente, quedaron dos aspirantes: Constantino y Majencio.

La batalla del puente Milvio (312 d. C.)

En el enfrentamiento final, Constantino guiaba a un ejército que llevaba cruces pintadas en los escudos, mientras las tropas contrarias llevaban banderas con el símbolo del **dios del sol**.

Los hombres de Constantino derrotaron a los de Majencio junto al río Tíber. Viéndose perdidos, los segundos trataron de atravesar el puente Milvio, que llevaba a Roma, pero Majencio cayó al río y se ahogó. Era el 27 de octubre del 312, una fecha que marca el **paso** de la era pagana a la cristiana.

Constantino recibió mucho apoyo de los cristianos en la guerra. Los recompensó haciendo del cristianismo una religión **oficial** del Imperio y acabando con las persecuciones.

Los cristianos se hicieron tan poderosos que acabaron siendo ellos los que **perseguían** y masacraban a cualquiera que practicase una religión distinta a la suya.

(330 d. C.)

Una nueva Roma

Durante sus combates, Constantino tuvo que asediar la ciudad de **Bizancio**, estratégicamente situada en el lugar en el que Europa se encuentra con Asia, donde a día de hoy está Estambul. Era un sitio estupendo para establecerse, porque la rodeaba el mar por tres de sus lados: un ejército invasor tendría que ser fuerte por tierra y por mar. El emperador decidió construir allí su nueva **capital** y la llamó Constantinopla.

Gastó una fortuna en crear una ciudad magnífica. Ordenó la construcción de un circo para las carreras de cuadrigas. Construyó iglesias y unas altas murallas, que fueron ampliadas por los emperadores que vinieron después. Constantinopla fue la ciudad más grande, fuerte y rica de Europa durante **mil años**.

TEODOSIO EL GRANDE
(347-395 d. C.)

Teodosio y el fin del mundo antiguo

Años después, el emperador Teodosio decretó que el cristianismo sería la **única** religión permitida en el Imperio y empezó la persecución de los **paganos**, que es como se llamaba a los que adoraban a los dioses romanos. Los antiguos templos fueron derribados para construir iglesias y se destruyeron las estatuas de los dioses. Incluso se prohibieron las **olimpiadas**, que se habían celebrado sin interrupción durante 700 años.

Iglesia vs. Imperio

Teodosio ordenó la muerte de 7000 personas que se habían rebelado en la ciudad griega de **Tesalónica** contra una ley que encarcelaba a los homosexuales. El obispo de Milán, Ambrosio, lo excomulgó y le prohibió la entrada en la iglesia si no hacía penitencia y se arrepentía en público. Cuando Teodosio le hizo caso, quedó demostrado que la Iglesia tenía más **poder político** que el emperador.

Gala Placidia

La **hija** de Teodosio desempeñó un importante papel en la política romana, pero fue secuestrada por el líder de los **visigodos** y obligada a casarse con el cuñado de este. Tras la muerte de su marido, como en Roma no se fiaban de ella por haber estado casada con un bárbaro, se fue a **Constantinopla**, donde llegó a ser la **regente** que manejaba todo el poder.

«Bárbaros» es como los romanos llamaban a las **tribus** que vivían fuera de los límites del Imperio y no habían sido dominadas. Se dedicaban a la agricultura y el pastoreo, pero, cuando las cosas iban mal, atacaban las granjas y ciudades romanas de la frontera. Varias tribus invadieron el Imperio en distintas épocas, a veces se unían al ejército o a las labores del campo, pero otros entraban como **invasores**. Algunos fueron:

- **Visigodos**: ocuparon el sur de las Galias y la península ibérica.
- **Ostrogodos**: empujados por los hunos, invadieron Italia, derrotaron al emperador Valente en la batalla de Adrianópolis y fundaron el reino ostrogodo.
- **Anglos y sajones**: se establecieron en lo que hoy en día es Inglaterra.
- **Suevos, vándalos y alanos**: ocuparon lo que ahora es España.
- **Hunos**: venían de Mongolia y los comandaba Atila. Atravesaron Europa e invadieron Italia. No devastaron Roma gracias a la intervención del papa. A la muerte de Atila, se dispersaron y desaparecieron de la historia.
- **Francos**: vinieron desde Germania y se establecieron en la Galia, dando nombre a la futura Francia.

LA DIVISIÓN DEL IMPERIO
(395 d. C.)

IMPERIO OCCIDENTAL

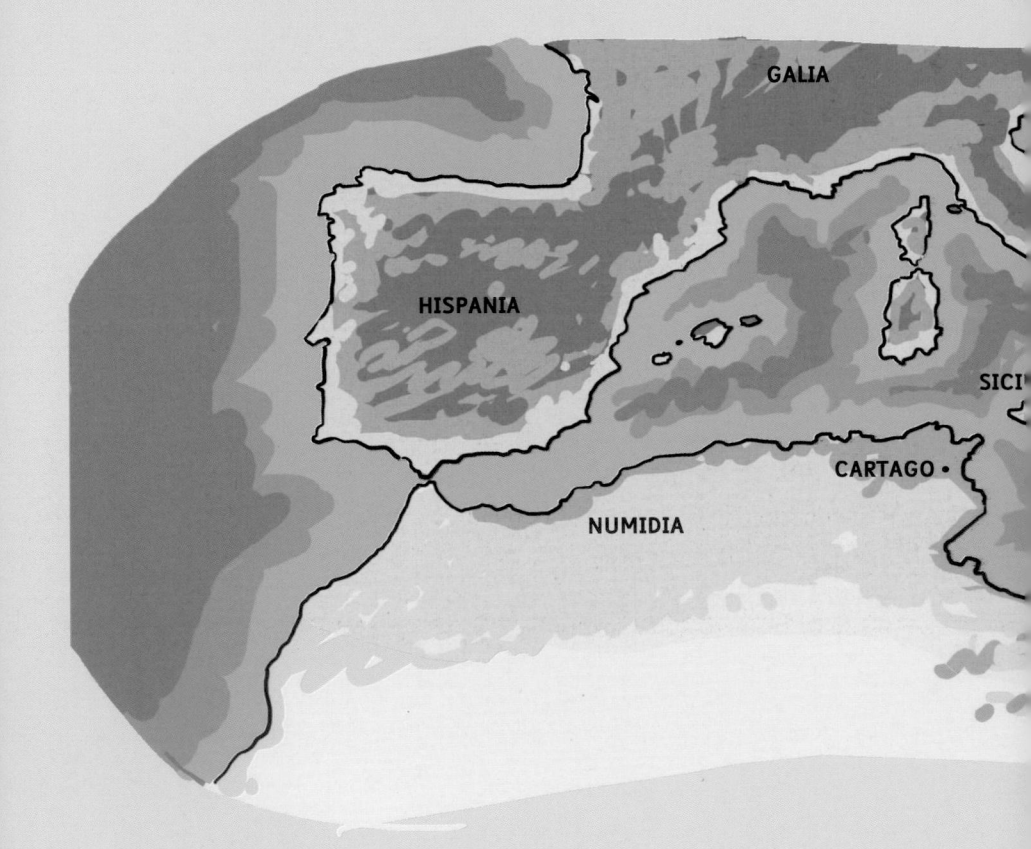

Antes de morir, Teodosio, el último emperador romano de origen hispánico, dividió el Imperio entre sus hijos **Arcadio y Honorio**.

Arcadio, el mayor, gobernó el **Imperio romano de Oriente**, cuya capital era Constantinopla.

Honorio, el menor, reinó en el **Imperio romano de Occidente**, con capital en Roma.

IMPERIO ORIENTAL

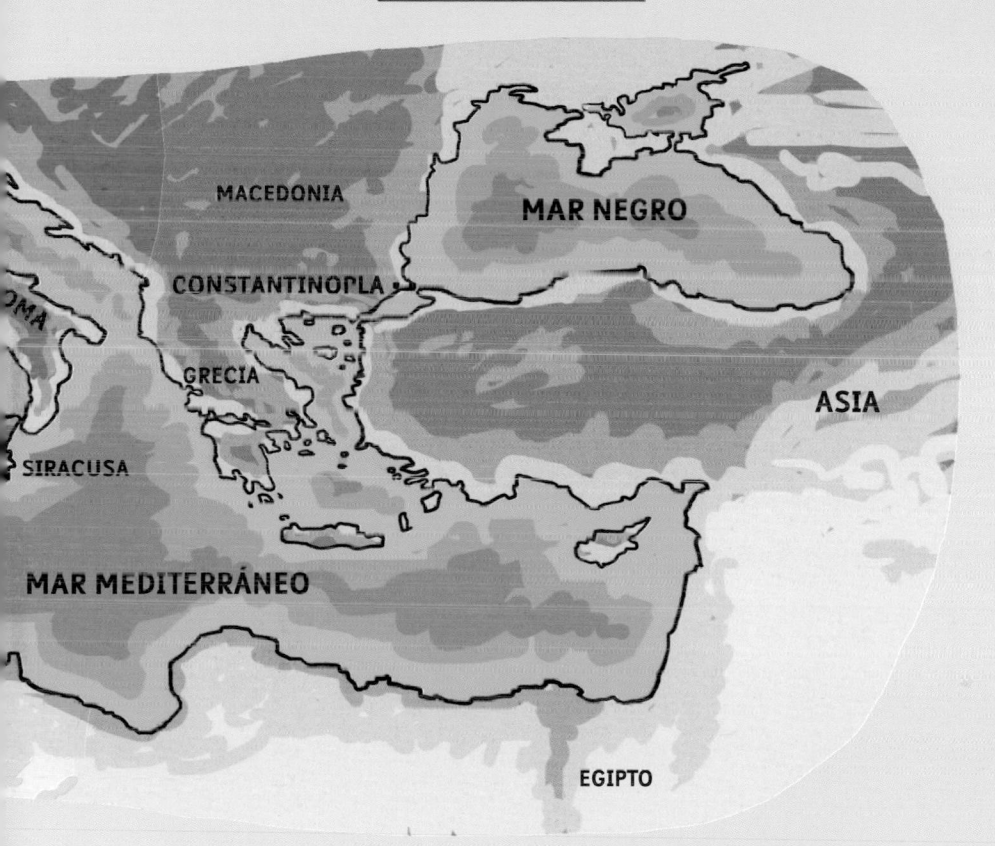

Con el tiempo, el Imperio de Occidente fue **dividido** por las invasiones bárbaras. Las diferentes tribus crearon reinos independientes, que ya no eran romanos.

La parte oriental tuvo mejor suerte y resistió durante siglos los ataques bárbaros. Aunque hablaban en griego, su cultura, leyes y costumbres siguieron siendo romanas. Los historiadores modernos se refieren al Imperio oriental como **Imperio bizantino**, pero ellos se consideraban a sí mismos romanos.

EL SAQUEO DE ROMA
(455 d. C.)

El año 455, una flota de bárbaros liderada por **Genserico** remontó el río Tíber para atacar Roma. Los romanos abrieron las puertas de la ciudad y la tribu de los **vándalos** pasó dos semanas saqueando y robando por toda la ciudad. Se llevaron

todo lo que había de valor y capturaron a muchos romanos para venderlos como esclavos. Poco antes de que los bárbaros entraran en la ciudad, el emperador de entonces, **Petronio Máximo**, intentó huir. La gente, enfadada, lo mató a pedradas y lanzó su cuerpo al río.

EL FIN DEL IMPERIO ROMANO DE OCCIDENTE (476 d. C.)

El último emperador del Imperio occidental fue un adolescente de 14 años, Rómulo Augusto. Su padre era **Orestes**, un general que pensaba gobernar a través de su hijo. Pero **Odoacro**, un comandante bárbaro, pidió tierras para sus hombres. Como no se las dieron, invadió Italia y mató a Orestes.

Poco después, obligó a Rómulo Augusto a entregarle la corona y la envió a Constantinopla, simbolizando el fin del Imperio romano de Occidente. El 4 de septiembre del año 476 d. C., comenzaba oficialmente la **Edad Media**.

El Imperio romano de Oriente

En los siglos siguientes al final del Imperio romano de Occidente, el de Oriente, también llamado **Imperio bizantino**, sufrió varios intentos de invasión de los sasánidas, normandos, búlgaros, árabes y turcos. Aunque perdió algunos territorios, el Imperio siguió siendo una importante potencia militar y económica durante la mayor parte de la Edad Media.

Justiniano y Teodora

Justiniano fue uno de los gobernantes más importantes del Imperio de Oriente. Se casó con una actriz llamada Teodora. Juntos, impidieron que unos disturbios acabaran con la ciudad. Justiniano ordenó la reconstrución de la basílica de **Santa Sofía**, uno de los edificios más importantes de la historia del arte, que había sido destruida dos veces en los últimos 200 años.

LA CONQUISTA
DE CONSTANTINOPLA (1453 D. C.)

Los turcos habían intentado conquistar Constantinopla varias veces, pero todos los asedios fracasaron debido a sus
magníficas **murallas** y a que, al tener acceso al **mar**, podía
recibir suministros por barco. Rodearla y esperar que se mu-
rieran de hambre no era posible.

Pero el asedio de **Mehmed II**, el sultán turco, fue diferen-
te. Trajo más de 100 barcos para rodear la ciudad por mar y
un ejército de 100 000 soldados, mientras que en la ciudad
apenas había 6000. Llevó cañones para abrir brechas en
las murallas.

Durante **dos meses**, los turcos bombardeaban la ciudad
día y noche, mientras sus soldados intentaban escalar las
murallas con cuerdas y escaleras de asalto.

El último asalto

El asalto final se produjo el 29 de mayo del año 1453 d. C., cuando los cañones del sultán derribaron una parte de la muralla. 80 000 soldados turcos penetraron por la brecha y los romanos salieron a luchar.

Los soldados de la ciudad estaban liderados por el comandante italiano **Giovanni Giustiniani Longo**. Cuando los soldados vieron a Giustiniani caer malherido, se desmoralizaron y empezaron a retirarse. Los **turcos** entraron esa misma tarde en la ciudad. El último emperador romano, **Constantino XI**, murió con sus hombres en esta última batalla.

Todo lo que quedaba del Imperio romano había dejado de existir.

Historia para niños
LOS VIKINGOS

Próximamente
LOS GRIEGOS
LOS INCAS

Los Exploradores del TIEMPO

LAS EXPEDICIONES DE LOS VIKINGOS

Próximamente

LAS OLIMPIADAS DE GRECIA

EL ORO DE LOS INCAS

HISTORIA PARA NIÑOS - ROMA
1.ª edición: febrero de 2023

© Texto e ilustraciones: Miguel Ángel Saura, 2023
© Editorial el Pirata, 2023
Sabadell (Barcelona)
info@editorialelpirata.com
www.editorialelpirata.com

Todos los derechos reservados.
ISBN: 978-84-18664-23-6
Depósito legal: B 20573-2022
Impreso en China

FSC
www.fsc.org
100%
Procedente de
bosques bien
gestionados
FSC® C152346

Con el apoyo de:

Generalitat de Catalunya
**Departament
de Cultura**

Institut Català de les
**Empreses
Culturals**